PETER RENDEL

EINFÜHRUNG IN DIE CHAKRAS

PETER RENDEL

EINFÜHRUNG IN DIE CHAKRAS

DIE SIEBEN ENERGIEZENTREN DES MENSCHEN

SPHINX VERLAG BASEL

Aus dem Englischen
von Susanne G. Seiler

CIP-Kurztitelaufnahme der Deutschen Bibliothek

Rendel, Peter: Einführung in die Chakras:
d. 7 Energiezentren d. Menschen / Peter Rendel.
[Aus d. Engl. von Susanne G. Seiler]. —
Basel · Sphinx-Verlag, 1983.
(Sphinx pocket; 22)
Einheitssacht.: Introduction to the chakras ‹dt.›
ISBN 3-85914-322-0
NE: GT

1984
2. Auflage
© 1983 Sphinx Verlag Basel
Alle deutschen Rechte vorbehalten
© 1979 Peter Rendel
Originaltitel: Introduction to the Chakras
The Aquarian Press, Wellingborough
Umschlagbild: Graham Lester
Gestaltung: Charles Huguenin
Gesamtherstellung: Fuldaer Verlagsanstalt
Printed in Germany
ISBN 3-85914-322-0

Inhalt

Vorwort

Dieses Buch wurde für diejenigen unter Ihnen geschrieben, die bereits etwas Erfahrung mit Yoga und Meditation haben und nun ein tieferes Verständnis jener Grundsätze erlangen möchten, die diesem faszinierenden und dankbaren Thema zugrundeliegen.

Ziel des Yoga ist die Erweiterung des menschlichen Bewusstseins, so dass dieses mit der Zeit in ein universelles Bewusstsein übergeht. Dies soll durch eine Verwirklichung des höchsten spirituellen Prinzips in uns selbst bewerkstelligt werden, das über den Körper und das Denken hinausgeht und unser wahres Ewiges Selbst darstellt.

Um dies zu erreichen, müssen wir lernen, diese verschiedenen Prinzipien oder Ebenen in uns selbst zu erkennen, mit anderen Worten, das Feine vom Gröberen unterscheiden. Also geht es darum, mit den Energien, die im Inneren eines jeden schlummern, zu arbeiten und sie zu beherrschen. Mit der Zeit wird man feststellen, dass alles Leben, das eigene inbegriffen, lediglich Energie in verschiedenen Zuständen oder Schwingungsdichten darstellt. Um diese Energie innerhalb des eigenen Körpers geht es bei den Chakras.

Das Wort *chakra* bedeutet im Sanskrit «Rad», und man kann sich diese Energiezentren als Räder oder Kraftwirbel vorstellen. Die diesen Ebenen innewohnenden Energien manifestieren sich durch diese lebenswichtigen Kraftzentren.

Dieses Buch ist in erster Linie für den praktizierenden Schüler gedacht, der bereit ist, tiefere Wirklichkeiten in sich selbst zu entdecken. Das akademische oder geistige Verstehen einer Sache entspricht nicht der Erfahrung, auch wenn es dieser vorausgegangen sein mag. Niemand kann etwas für Sie wissen, genau so wenig wie jemand anderes für Sie essen kann. Deshalb können Sie die Materie dieses Buches nur durch Ihre eigenen Bemühungen verstehen.

Der Mensch, der sich aufmacht, Wahrheiten wie diese zu ergründen, muss ein spiritueller Abenteurer sein. Er muss wie ein Entdecker sein und sich dazu getrieben fühlen, neue Welten und Dimensionen innerhalb seiner selbst zu erkunden, verbunden mit dem Wunsch nach einer Erforschung innerer Gefilde, was nur durch Durchhaltevermögen gemeistert werden kann.

Dieses Buch geht das Thema nicht nur vom traditionellen östlichen Standpunkt an, sondern versucht eine Versöhnung mit den westlichen Mysterien herbeizuführen, wie sie uns durch die Kabbala, die Hermetik, die Alchimie und die Astrologie überliefert worden sind. Es ist nicht immer einfach, hinter vielfältigen Facetten und Äusserungen das ganzheitliche Muster eines Gebietes zu erkennen, doch hoffen wir, dass dieses Muster durch unsere Darstellungen einigermassen ersichtlich wird.

Kapitel eins bis sechs erklären die okkulte Anatomie des Menschen. Hier werden die Struktur des menschlichen Körpers sowie die magnetischen Gegensätze und Energiefelder entsprechend dem Fluss und der Lebenskraft der sieben Chakras ausserhalb des Körpers dargestellt.

Kapitel sieben bis neun handeln von der praktischen Anwendung dieser Prinzipien durch Yoga und andere Übungen. Nun braucht man diese Grundsätze nicht unbedingt «Yoga» zu nennen. Über Jahrhunderte hinweg haben Mystiker und Sucher dieselben Grundsätze befolgt und ihnen die verschiedensten Namen gegeben. Welcher Name Ihnen auch immer am besten gefällt, ist deshalb der richtige für

Sie, solange es sich dabei nur um die wahren Grundsätze handelt.

Letztlich verdeutlicht Kapitel zehn die Beziehung zwischen Astrologie und den Chakras. Eine Reihe von Zusammenhängen zwischen Tierkreis und Planeten werden ebenfalls in bezug auf die Chakras betrachtet.

Das Vorgehen in diesem Studienbereich sollte folgendes sein:

a) erkennen
b) beherrschen
c) anwenden

a) Um die Grundsätze und Energien, die dieses System ausmachen, erkennen zu lernen.

b) Um diese Energien im eigenen Selbst anzuwenden.

c) Um sie im Leben kreativ und uneigennützig zu gebrauchen.

Wir sind der Meinung, dass diejenigen, die diesen Grundsätzen folgen, grössere Einsicht in das Leben gewinnen und mit einer tieferen Kenntnis ihrer selbst belohnt werden.

Grundsätzliche Polarität

Um zu verstehen, wie die Chakras, diese lebenswichtigen Kraftzentren, einander, aber auch unser gesamtes Wesen beeinflussen, müssen wir erst untersuchen, wie die grundlegenden Gegensätze von Geist und Materie zustandekommen.

Die Trinität

Jede stattfindende Manifestation muss sich in einer Polarität oder Dualität äussern; ist eine solche Gegensätzlichkeit nicht gegeben, kann es auch keine Manifestation geben. Die Beziehung zwischen diesen zwei Polen ist dritter Aspekt der Trinität.

Um dies zu beweisen, nehmen wir uns eine beliebige Handlung vor, um zu sehen, ob sich unser Prinzip anwenden lässt. Nehmen wir also an, der Leser sagt sich jetzt: «Ich werde dieses Buch schliessen.» Indem er es tut, vollzieht er eine Handlung und ruft demnach ein Subjekt und ein Objekt ins Leben. Das Subjekt «ich», das Objekt «das Buch», und die Beziehung zwischen den beiden drückt sich in der Tätigkeit «werde schliessen» aus. Wenn der Leser meint, dies sei blosse Wortklauberei, soll er versuchen, selbst eine beliebige Handlung zu finden, die nicht aus diesen drei Teilen besteht, und er wird sehen, dass dies nicht möglich ist.

Folglich bringt jede Manifestation einer jeden Tätigkeit unwiderruflich und unweigerlich diese dreifache Aufteilung mit sich, und nichts kann stattfinden oder passieren in der

Welt der Namen und Formen, ohne dass es diesen dreifachen Aspekt annimmt. Dies ist die Trinität, die so mancher Religion, der Philosophie und vielen metaphysischen Systemen auf dieser Welt zugrundeliegt, wie zum Beispiel in der christlichen Dreieinigkeit oder bei den drei Gunas des Hinduismus.

Es gibt vielerlei Bezeichnungen für diese Polaritäten. Wir alle kennen Ausdrücke wie Leben und Form, Geist und Materie, Beobachter und Beobachteter, Ich und Nicht-Ich. Wir verwenden Ausdrücke wie Einheit und Vielheit, weil das Subjekt oder der Wahrnehmende immer eine Einheit bildet, wohingegen das Betrachtete oder die objektive Seite des Lebens immer vielfältig ist. Dies wird oft durch das Symbol des Rades dargestellt.

Wenn wir Subjekt, Verb und Objekt als Aspekte der Trinität im Sinne von «ich bin das» nehmen, ist der Betrachter als «ich» im Mittelpunkt des Rades eine Einheit. Treten jedoch Erscheinungen auf und das Leben bewegt sich aus dem Mittelpunkt hinaus, um eine objektive Form anzunehmen, entsteht zwangsläufig eine Vielheit. Demnach müssen die Speichen des Rades getrennt verlaufen, in der Mitte jedoch eine Einheit bilden. Deshalb wird das Leben in seiner objektiven Form sowohl Beziehung als auch Trennung kennen und alles, was mit ihnen zusammenhängt, wie auch Ursache und Wirkung, Zeit und das Gesetz des Werdens, Geburt, Tod und Wiedergeburt. Dies ist der objektive Aspekt von «ich bin das», während auf der subjektiven Ebene nur das Bewusstsein des reinen «ich bin» ohne subjektive Seite vorkommt. Darum bestehen keine Erfahrungen von Wandel, Zeit, Trennung, Beziehung und diesen Aspekten der objektiven Seite des Lebens.

Es ist nicht schwer, sich für diese grundsätzliche Polarität weitere Begriffe auszudenken, wie Gut und Böse oder Gott und Teufel, je nach religiösem oder metaphysischem Sy-

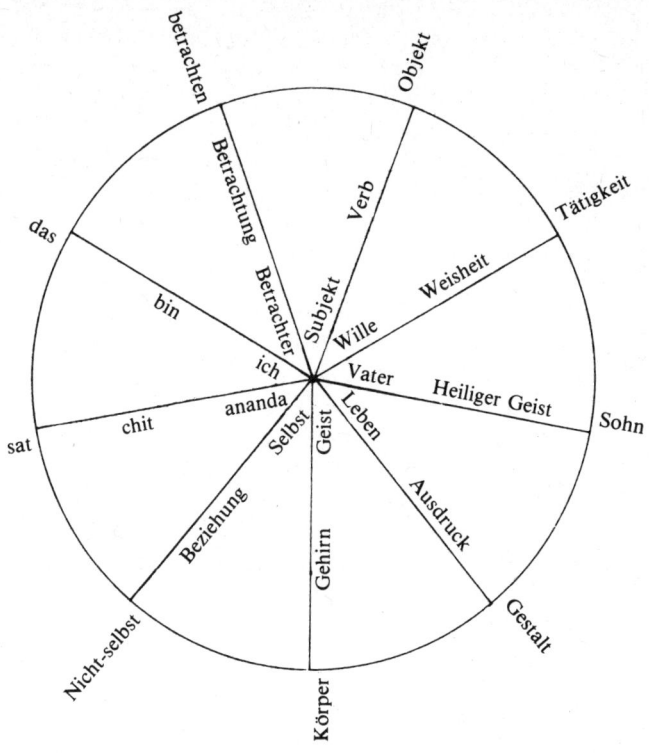

stem. Es kann kein vollständiges metaphysisches System geben, das diesen Polaritäten nicht Rücksicht trägt. Die chinesische Terminologie weist hier einen besonderen Verdienst auf, da die Worte Yin und Yang die von ihnen definierten Grundsätze durch ihren Klang ausdrücken. Yin ist ein im wesentlichen subjektiver Ton, Yang ist eher objektiv. Diese Töne hallen in den Ausdrücken «Geist» und «Materie» wider, wo es ebenfalls um das subjektive «(e)i» und das objektive «a» geht. Auch in den Worten «dies» und «das» kommen Subjekt und Objekt in dieser Weise zum Ausdruck.

13

Natürlich muss jede Erfahrung, um eine Bedeutung zu haben, zwei Pole oder Möglichkeiten aufweisen, zwischen denen sie stattfinden kann. Dies kann man sehr einfach am Beispiel des sportlichen Wettkampfs darstellen, wo zwei Spieler oder Mannschaften gegeneinander antreten. Würde eine dieser beiden Mannschaften immer gewinnen, wäre das Spiel uninteressant, nicht der Mühe wert; und so verhält es sich auch, wenn die selbe Mannschaft immer verliert. Die Erfahrung des Spielens erhält ihre Bedeutung von der offenen Möglichkeit beider Parteien, das Spiel entweder zu verlieren oder zu gewinnen. So auch im Leben, wo alle Erfahrungen, an denen wir wachsen und uns entwickeln können, daher kommen, dass wir innerhalb dieses Gegensatzes von Geist und Materie, Yin und Yang, Selbst und Nicht-Selbst stehen, und wie sich diese Beziehung durch unser Bewusstsein auswirkt. Diese Polaritäten, die subjektive und die objektive Seite unseres Wesens und deren Kombinationen, Verwandlungen und Zwischenstufen bilden unsere gesamte Erfahrung und werden manchmal «Tanz von Yin und Yang» genannt. Mehr zu diesem Thema in späteren Kapiteln.

Östliche Religionen

Das Leben ist demnach ein Prozess, der sich sowohl aufwärts wie auch abwärts bewegt: es fliesst von seinem Ursprung zur Manifestation und zurück zu seinem Ursprung — dank diesem Abstieg mit einer zusätzlichen Erfahrung. In christlichen Worten kehrt die Seele zurück mit der Ernte ihrer Erfahrung, sie «bringt die Garben ein». Traditionelle östliche Religionen wie Buddhismus und Hinduismus interessieren sich hauptsächlich für das, was wir den zurückgezogenen Aspekt des Lebens nennen können, durch Loslösung des spirituellen Prinzips von seinen Verhaftungen in der Form der materiellen Erscheinung. Diese Religionen betonen vor allem jene Freude und Verzückung, die erfahren werden, wenn die Seele sich von ihren Verhaftungen im persönlichen Ich zu lösen vermag und in ihrem Innern Vereinigung mit dem höheren geistigen Prinzip erreicht. Das Wort «persönlich» kommt vom Lateinischen *persona* und bedeutet Maske. Seine Verwendung deutet deshalb das flüchtige oder irreale Wesen des niederen Selbst an, als etwas, das wir bei unserer Geburt anziehen, um uns ausdrücken zu können, das jedoch nicht unser wahres Selbst darstellt.

Diese Vereinigung mit dem göttlichen Prinzip in uns, unserem höheren oder wahren Selbst, wird in der hinduistischen Metaphysik Yoga genannt. Das Wort «Yoga» bedeutet nämlich Vereinigung. Dies ist in unserer Sprache noch am Wort «Joch» ersichtlich.

In der islamischen Religion kommt der Begriff der Vereinigung im Wort *Islam* zum Ausdruck, was die Aufgabe des niederen Selbst für das höhere göttliche Prinzip im eigenen Wesen bedeutet. Selbstaufgabe ist ein Grundsatz jeglichen Mystizismus, und das Christentum hat diesen Begriff als Kommunion oder Mystische Hochzeit ausgedrückt.

Andere Philosophien kümmern sich mehr um den Aspekt des Herunterbringens des spirituellen Prinzips, um es durch die Kreativität als Form auszudrücken.

Weder das eine noch das andere ist völlig richtig, oder, anders gesagt, drücken beide eine Teilwahrheit aus, und so sind beide nur innerhalb ihrer eigenen Begrenzungen gültig und notwendige Teile des gesamten Lebensprozesses. Das Leben steigt demnach sowohl von der Quelle des Selbst empor wie es auch zu ihr zurückkehrt, und idealerweise sollten sich diese beiden Prozesse die Waage halten. Diese zwei Aspekte möchte ich das Magische und das Mystische nennen, wobei der aufsteigende Pfad der magische und der Rückweg der mystische ist.

Lebensphasen

Die meisten von uns werden es schwierig finden, historische oder lebende Menschen zu erkennen, die den einen oder anderen dieser Aspekte verkörpern. Grosse spirituelle Lehrer, Yogis und Heilige gehören zu denjenigen, die den mystischen Pfad beschreiten, wohingegen jene, die den magischen Weg gingen als gesellschaftliche Veränderer oder grosse Erfinder Geist durch Form ausdrückten. Auch in uns selbst erkennen wir diese Prinzipien in unseren Stimmungen oder Bewusstseinszuständen, wie sie zu verschiedenen Zeiten auftreten mögen. Manchmal suchen wir vielleicht die Einsamkeit der tiefen Meditation oder in einer Kommunion mit der Natur, andere Male aber fühlen wir das Bedürfnis, uns durch kreative Handlungen auf der materiellen Ebene auszudrücken oder mit anderen zu kommunizieren. Auf der spirituellen Ebene gibt es natürlich kein Gegenüber, so dass das Prinzip der Kommunikation hier nicht gilt, da es sich um eine Erfahrung der Einswerdung mit *allem* Leben handelt.

Unsere Erfahrung ist eine Schwingung zwischen den Polen der Einsamkeit auf der spirituellen Ebene und der Zusammengehörigkeit mit einer Gruppe oder in einer Partnerschaft auf der persönlichen Ebene.

Diese Lebensphasen hängen vom Alter, vom Geschlecht und von weiteren Faktoren ab, die je nach Lebensverlauf an Bedeutung gewinnen oder verlieren. Diese Rhythmen oder Zyklen, die wie die Lebenskraft zwischen Yin und Yang pendeln, sind für den seriösen Schüler, der danach trachtet, sich selbst zu kennen, sehr wichtig. Manchmal nennt man sie auch die Tattwa'schen Gezeiten. Mehr darüber in einem späteren Kapitel.

Allgemein finden es sowohl Frauen wie auch Männer schwierig, ausgeglichen zu leben und die richtige Beziehung zu den Gegensätzen in ihnen selbst zu finden. Das Leben

steht nicht still, sondern ist ein unaufhörlicher Fluss, eine
ständige Schwingung zwischen den Polen. Deshalb bringt jeder Augenblick eine neue Beziehung mit sich — eine neue
Erfahrung und eine neue Tätigkeit, die jeder braucht, um
diese Erfahrung voll leben zu können.

Arthur Koestler drückte dies als offensichtlichen Konflikt
zwischen zwei Grundsätzen in seinem Essay *Der Yogi und
der Kommissar* aus, die den geistigen und den weltlichen
Menschen personifizieren. Die meisten Menschen tendieren
dazu, auf einer einzigen Ebene zu verweilen; um sich jedoch
zwischen beiden Polen bewegen zu können, braucht es Geschick und Ausdauer. Letztlich lernen sie, dass die beiden
Prinzipien keine Rivalen, sondern engste Verbündete sind,
dass man zwischen dem Kopf in den Wolken und den Füssen am Boden eine Ausgewogenheit erzielen kann, indem
man den Geist dazu verwendet, ihn durch die Form auszudrücken.

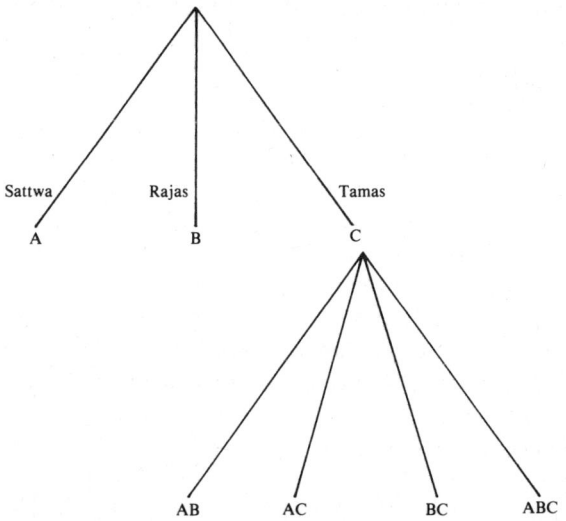

17

Wenn einem Grundsatz zuviel Gewicht beigemessen wird, tendiert die Energie dahin, zurückzuschwingen, um so den Ausgleich aufrechtzuerhalten. Daher die plötzlichen Wandlungen in manchen Menschenleben. So finden von der körperlichen Liebe enttäuschte Menschen oft, dass die Energien der unteren Stufen reagieren, indem sie sich aufschwingen und eine sehr intensive geistige Form annehmen — wenigstens für eine gewisse Zeit. Auf der anderen Seite reagieren Menschen, die sich auf der spirituellen Ebene überanstrengt haben, oft, indem ihre Energien sich nach unten auf körperliche und materielle Dinge richten. Das Sprichwort: «Je grösser der Sünder, umso reiner der Heilige» und umgekehrt findet sich in beiden Richtungen bestätigt.

Jetzt werden wir jedoch versuchen, unsere grundsätzlichen Betrachtungen einen Schritt weiterzuführen, um zu sehen, wie diese Trinität oder Triplizität sich in den Zahlen 4 und 7 ausdrückt.

Anhand der essentiellen oder Ureinheit haben wir gesehen, wie sich die 3 durch jede Manifestierung veräusserlicht, und aus dieser Trinität entsteht eine niedrigere Quaternität, da die drei Prinzipien nur in vier weiteren Verbindungen auftreten können, in welchen sich keine der drei ursprünglichen wiederholt. Wenn wir also A, B und C haben, können diese nur als AB, AC, BC und ABC in Erscheinung treten.

Die höhere Triplizität, 3, ergibt zusammen mit der unteren Quaternität die 7. Auf dieser Art geht der Geist mathematisch wie auch durch eine weitere Stufe der Verdichtung in die Form ein, und die Zahl 7 tritt auf und gibt Anlass zu den wichtigen siebenfachen Aufteilungen in Farbe und Klang, wodurch die sieben Stufen des menschlichen Bewusstseins (d. h. die sieben Chakras) entstehen, um die es hier geht.

Die sieben Grundsätze im Menschen

Wir werden jetzt darlegen, wie sich diese bereits im vergangenen Kapitel beschriebene Aufteilung auf den Menschen bezieht. Wir werden sehen, wie sie die sieben Stufen seines Bewusstseins hervorbringt, wie auch die sieben lebenswichtigen Kraftzentren — die Chakras.

Beim Menschen liegt die grundsätzliche Polarität, von der wir im letzten Kapitel gesprochen haben, entlang dem Rückgrat, so dass der Geist sich am Scheitel des Kopfes manifestiert, derweil Materie (in ihrer dichtesten Form) an der Wurzel des Rückgrats in Erscheinung tritt. Zwischen diesen beiden Polen befinden sich Zwischenstufen des Bewusstseins, jedes dichter als das vorhergehende, nach dem die Lebenskraft in ihrer Involution zur Materie das Rückgrat hinuntersteigt. Man kann diesen Prozess der allmählichen Verdichtung mit den Schwingungen der Musik eines Saiteninstruments vergleichen. Die tieferen Klänge werden als Resultat einer langsameren Schwingung der Saiten hervorgebracht; wenn das Instrument schneller schwingt, bringt es einen hohen Klang hervor. So stellen auch die feineren Stufen unseres Bewusstseins eine höhere Schwingung der Lebenskraft dar, und die unteren Frequenzen sind die gröberen oder materielleren Ebenen unseres Selbst.

Die sieben Chakras im Menschen entsprechen demnach einer Siebentonleiter, wobei die unteren Chakras eine niedrige Schwingung erzeugen, die den tieferen Noten der Tonleiter entspricht, und die höheren Chakras den oberen Tönen.

Der Heilige Paulus definierte den Menschen als «Geist, Seele und Körper», und man wird leicht erkennen, dass diese Definition auf den drei Säulen der Trinität basiert, wie wir sie im ersten Kapitel diskutiert haben. Geist und Körper sind die grundsätzlichen Polaritäten, und *Denken* ist die Verbindung zwischen den beiden. Der Heilige Paulus benutzte das griechische Wort *psyche,* das die mentale sowie die emotionale Stufe beinhaltet, die wir heute Geist statt Seele nennen.

Die Elemente

Wir werden nun sehen, wie diese Definition der Chakras beim Menschen zutrifft.

Wie wir bereits gesehen haben, manifestiert sich der Geist auf dem Scheitel des Kopfs. Das nächstdichteste Chakra ist dabei die Kraft zwischen den Augenbrauen, die der Heilige Paulus als Seele bezeichnete (wir aber heute Gehirn nennen können), Sitz der geistigen Tätigkeit. Danach kommt das Kehlzentrum, und dies, wie der Heilige Paulus sagte, ist der feinstoffliche Körper, da es den Sitz des Äthers darstellt. Der Äther ist der Ursprung, dem die vier unteren Elemente Luft, Feuer, Wasser und Erde entstammen. Jedes dieser Elemente stellt lediglich eine Abwandlung des fundamentalen Äthers dar, so dass man den Äther eigentlich als grundlegenden materiellen Körper betrachten darf.

Die vier Elemente Luft, Feuer, Wasser und Erde haben ihren Sitz im Herzen, im Sonnengeflecht, im Kreuzbein und im Steisschakra. Hier sehen wir, dass die höhere Triplizität wie auch die untere Quaternität im Menschen in strikter Übereinstimmung mit den numerischen Gegensätzen der Manifestation auftreten — die sieben Chakras sind die eigentlichen Auswirkungen dieser Gesetze.

Die Alchimisten nannten den Äther die Quintessenz oder fünfte Schwingungsebene, und wir werden später sehen, wie

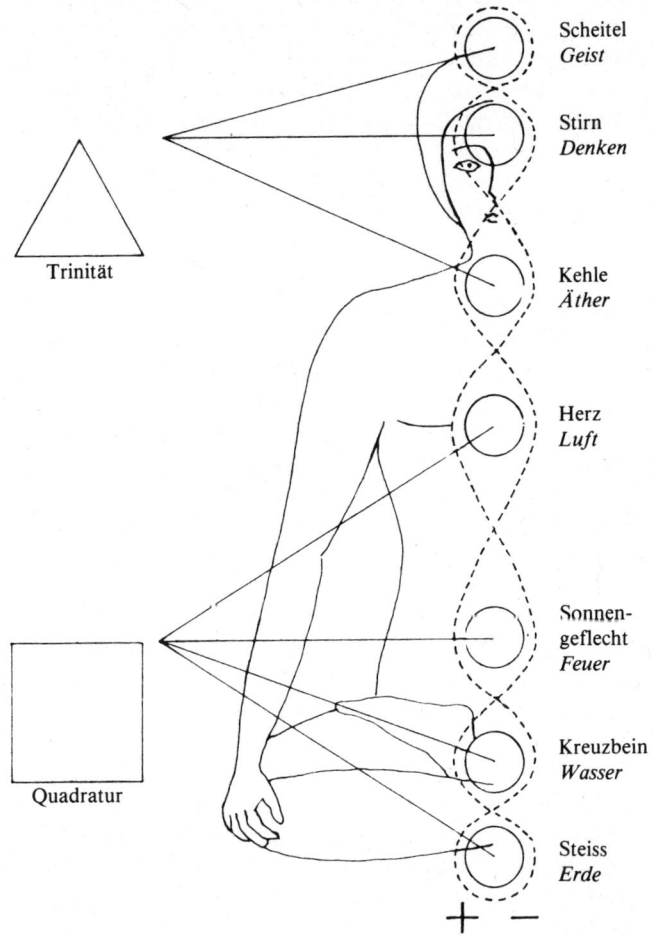

Trinität

Quadratur

Scheitel
Geist

Stirn
Denken

Kehle
Äther

Herz
Luft

Sonnen-
geflecht
Feuer

Kreuzbein
Wasser

Steiss
Erde

+ −

21

die vier unteren Elemente sowohl durch ihn hervorgebracht werden wie auch zu diesem ätherischen Ursprung, dieser Latenz, zurückkehren. Die fortgeschritteneren Alchimisten realisierten ebenfalls, dass eine Ebene in die andere transmutiert werden kann, da die verschiedenen Bewusstseinsstufen lediglich die mit unterschiedlichen Frequenzen vibrierende Lebenskraft darstellten. Indem man die Schwingungszahl verändert, wird die Transformation von einem Element in das andere zu einer völlig natürlichen Möglichkeit. Dies gilt auch für die Transmutation unserer gröberen Schwingungen in feinere. Die esoterische Alchimie beschäftigte sich mit der Verfeinerung des menschlichen Bewusstseins durch Reinigung, bis die Schlacke des niederen Selbst völlig umgewandelt und das reine Gold des geistigen Bewusstseins erreicht worden war. Diesen Prozess der Läuterung kennen die wahren Mystiker jeglicher Religion unter den verschiedensten Namen.

In neueren Zeiten haben Einstein und andere bekannte Physiker bemerkt, dass Materie Denken ist, das auf niedrigeren Frequenzen schwingt. Früher unternahmen die Alchimisten ihre Transmutation von einem Metall in das andere, indem sie dieselben Prinzipien anwandten. Tatsächlich ist jede Manifestation lediglich ein Auftreten der Lebenskraft zu unterschiedlichen Schwingungszahlen, und der Unterschied zwischen einem Element und dem nächsten liegt nur in seiner Schwingungsfrequenz.

Der Ablauf der Involution

Wie wir gesehen haben, ist der Körper eigentlich der dritte oder objektive Aspekt der Trinität — das heisst, der Äther. Seine vier Umwandlungen umfassen Luft, Feuer, Wasser und Erde. Der Ablauf der Involution kann deshalb folgendermassen dargestellt werden:

Damit eine objektive Manifestation stattfindet, muss es zuerst einen Raum geben, in dem sie auftreten kann. Demnach ist der Äther das einzige Element des reinen Raumes.

Als nächstes muss es Bewegung in diesem Raum geben, und es ist das Element der Luft, das als einzige Bewegung in diesem Raum besteht.

Dann muss das Prinzip der Ausdehnung entstehen, welches das Element des Feuers ist.

Diesem folgt das Prinzip der Kontraktion, das durch das Element des Wasser dargestellt wird.

Diese Prinzipien oder Elemente werden oft durch den Sanskritausdruck *tattwa* bezeichnet, was «Diesheit» oder «Solchheit» bedeutet. Das heisst die Essenz einer jeden Eigenschaft. Diese Elemente sind alles, was es gibt, genau genommen existiert ausser ihnen in der Welt der Formen nichts. Sie sind die Bausteine, aus denen unsere gesamte Erfahrung gebaut ist, und die Welt der Erscheinungen besteht aus den Elementen allein.

Die vier Polmagneten

Wir haben dargestellt, wie die vertikale Polarität samt ihren sieben Bewusstseinsstufen entlang dem Rückgrat des Menschen zustandekommt.

Zusätzlich zu dieser vertikalen Polarität weist die Beschaffenheit des Menschen ebenfalls eine horizontale Polarität auf. Dies gibt den beiden Seiten des Körpers eine positive sowie eine negative Polarität. Demnach ist der Mensch wirklich ein quadripolarer Magnet, und alle Gesetze der Elektrizität und des Magnetismus, die die moderne Physik kennt, finden ihre Anwendung auf seinen Körper.

In jeglichem System bringt der mögliche Unterschied zwischen zwei Polen einen Fluss zwischen ihnen hervor. In der Sprache der Elektrik heisst dieser mögliche Unterschied Spannung, und die Menge des Flusses zwischen den Polen kann als Strom gemessen werden. Wo es einen Stromfluss gibt, besteht auch immer ein Magnetfeld um ihn herum, der rechtwinklig zu diesem Fluss verläuft. Dieses Gesetz gilt auch für den menschlichen Körper; im Menschen gibt es Spannung und Strom zwischen den grundsätzlichen Polaritäten von Scheitel und Steiss. Dieser Fluss drückt sich in einem magnetischen Feld aus, das ihn umgibt. Dieses magnetische Feld wird oft Aura genannt und kann von denen erkannt werden, die über ein genügend feines und entwickeltes Sehvermögen verfügen.

Demnach gibt es in der okkulten Anatomie des Menschen zwei Energieströme, die an seiner rechten und linken Seite fliessen und positiv und negativ sind. Diese positiven und negativen Energieströme scheinen sich in Punkten oder Knoten zwischen den Chakras zu kreuzen. So bilden sie den Caduceus oder Hermesstab. In der hinduistischen Terminologie nennt man dies den *Meru Danda*.

Der Hermesstab

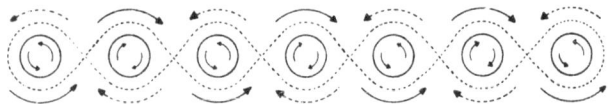

Es gibt verschiedene interessante Merkmale, die dieses Kräftemuster betreffen, und die wir jetzt besprechen wollen:

Jedes Chakra ist ein Energiesog, der sich unter dem Einfluss eines negativen und eines positiven Stroms dreht, welcher ihn gleichermassen beeinflusst, wie der Rotor eines elektrischen Motors sich dreht, wenn positive und negative elektrische Ströme auf ihn einwirken.

Wenn die Polarität des Stroms verändert wird, so dass die positiven und negativen Ströme sich in ihr Gegenteil verwandeln, wird der elektrische Motor natürlich seine Umdrehungsrichtung ändern.

Ein identischer Prozess findet bei jedem Chakra statt.

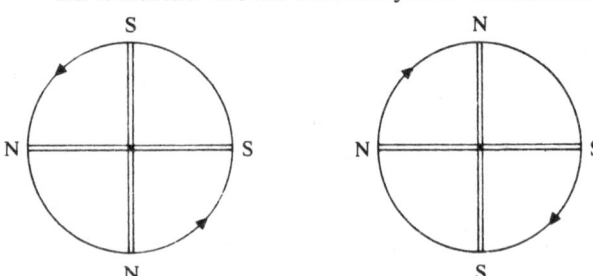

Der Strom, der entlang der einen Körperhälfte fliesst, ist positiv, auf der anderen Seite ist er negativ. Sowie sich diese Ströme an den Knotenpunkten kreuzen, veranlasst der positive Strom das Chakra dazu, sich in Richtung dieses Stroms zu drehen. Es zeigt sich demnach, dass jedes einzelne Chakra sich in entgegengesetzter Richtung des Chakras unter oder über ihm bewegt.

Diese Punkte führen zu einem weiteren, auf den modernen wissenschaftlichen Gesetzen der Elektrizität basierenden Schluss. Ein in einer elektrischen Wicklung untergebrachter Stromleiter, dessen Strom fliesst, wird der Länge nach Strom in eine Richtung leiten. Wenn der Fluss in der Wicklung umgekehrt wird, wird sich auch der Fluss im Leiter wenden.

Entsprechend wird auch die Energie im Mittelpunkt des Chakras sich nach aussen oder nach innen bewegen, je nachdem, in welcher Richtung sie kreist. Die Richtung dieser Umdrehung wird wiederum durch den Einfluss der negativen und positiven Ströme durch die rechte und linke Seite des Körpers festgelegt.

Wechselströme

Diese Ströme nehmen jedoch keinen direkten Einfluss — sie wechseln einander vielmehr ab. Auch hier drückt sich das Alternieren der Ströme in einem ähnlichen Prozess aus wie beim Erzeugen von Elektrizität. Indem der Rotor des Dynamos zwischen den Polen des festen Magneten rotiert, schnei-

Der Hermesstab

27

det er die Kraftlinien erst in der einen, dann in der anderen Richtung, so dass ein Strom entsteht, der seine Flussrichtung ständig ändert. Dies ist der Wechselstrom, wie wir ihn in unserem alltäglichen elektrischen Stromsystem verwenden.

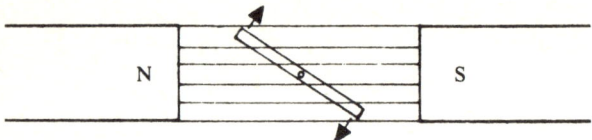

Dieser Prozess bezieht sich ebenfalls auf den Energiefluss, der aus der täglichen Erdumdrehung rund um die Erdoberfläche entsteht.

Indem die Erde sich zwischen Mittag und Mitternacht um ihre eigene Achse dreht, fliesst der Strom der Sonne entgegen, doch während der anderen Hälfte der Umdrehung, zwischen Mitternacht und Mittag, wird der Strom (der ebenfalls in Richtung der Sonne drängt) in die entgegengesetzte Richtung fliessen.

Der Mensch ist ein Mikrokosmos innerhalb eines Makrokosmos, und der beschriebene Prozess findet in seinem Körper auf ähnliche Weise statt. Demzufolge alternieren die menschlichen Energieflüsse ebenfalls zwischen dessen Polaritäten — von Süden nach Norden und von Osten nach Westen.

Diese Energieströme finden sich im Atem, und dies ist der Grund, warum dem Atem soviel Beachtung geschenkt wird. Doch werden wir auf diesen Punkt später noch eingehender zu sprechen kommen. Zu verschiedenen Zeiten dominiert der Atem in einem oder dem anderen Nasenloch. Dieses abwechselnde Atmen bringt eine Veränderung in der Flussrichtung der Energieströme und in der Umdrehung der Chakras hervor.

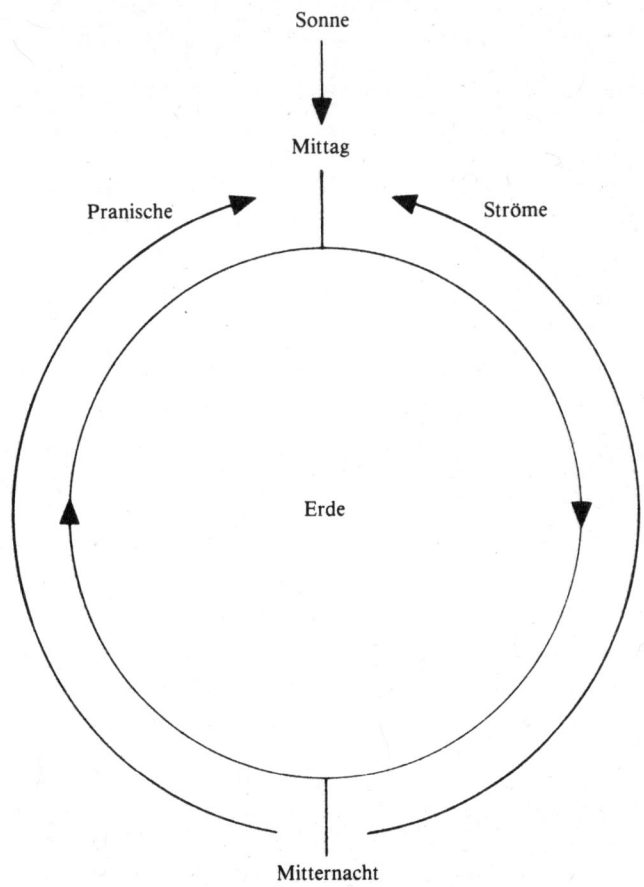

Wir haben gesehen, dass jede Bewusstseinsstufe eine grundsätzliche Schwingung erzeugt, und dass diese Schwingungen bei den Hinduisten *tattwas* genannt werden. Im Westen nennt man sie Elemente, Temperamente oder Launen. Indem die Ströme auf verschiedene Arten fliessen, manifestieren sich verschiedene Tattwas oder Elemente unterschiedlich stark in unserem Körper. Wir sind demnach ständigen körperlichen Wandlungen und einem steten Fluss von Launen ausgesetzt, während ein Element seinen Weg beendet und einem anderen den Platz räumt. Das gesamte Prinzip dieses Flusses von sich ändernden Schwingungen wird oft als *Tattwa-Gezeiten* bezeichnet.

Die Tattwa-Gezeiten

Der Fluß der Tattwa-Gezeiten im menschlichen Körper entspricht dem des Universums. Dies findet sich im hermetischen Spruch «Wie oben so auch unten» ausgedrückt. Der Fluss der Tattwa-Gezeiten im System des Universums zeigt sich in den planetarischen Einflüssen, den Zeichen des Tierkreises und den Jahreszeiten. Innerhalb des menschlichen Körpers gibt es ebenfalls Jahreszeiten, Sonnen- und Mondphasen sowie entsprechende Veränderungen der Sternzeichen. So spiegeln sich das Aussen- und Innenleben gegenseitig. Die Tattwa-Gezeiten drücken das periodische oder zyklische Gesetz der Manifestation aus. Wie wir im ersten Kapitel gesehen haben, ist jegliche Erscheinung eine Schwingung zwischen Polen. Die Tattwa-Gezeiten sind die eigentlichen Rhythmen der Bahnen der Energieflüsse und der verschiedenen Ebenen, auf denen sie fließen. Es ist ein faszinierender Gedanke, dass man anhand präziser Kenntnisse jener Kräfte, die sowohl im menschlichen Körper wie auch im Universum spielen, sowie der Richtungen, in denen sie fliessen, eine genaue Berechnung zukünftiger Ereignisse erstellen kann.

Das Ritual

Hieraus folgern wir, dass jede auszuführende Aktivität wirtschaftlicher und demnach effektiver unternommen werden kann, wenn sie sich dem vorherrschenden Energiefluss — oder den Tattwa-Gezeiten — des Augenblicks oder der Zeit unterwirft. Dies bedeutet, dass es für jede Tätigkeit eine optimale Zeit und einen optimalen Ort gibt.

Das Beherrschen eines Rituals ist in Wirklichkeit ein Zauber, indem Energie eingesetzt wird, um ein bestimmtes Ziel zu erreichen. Um die besten Resultate zu erzielen, sollte jedes Ritual in Übereinstimmung mit den vorherrschenden Energiegezeiten durchgeführt werden. Im weitesten Sinne kann demnach das ganze Leben wie ein Ritual gelebt werden, indem man ständig das Beste aus den vorherrschenden Kräften macht, um die kreativsten Resultate hervorzubringen. Jede Handlung wird wirkungsvoller sein, wenn sie in Gegenwart der ihr entsprechenden Tattwas unternommen wird. Die Richtung, in der man sitzt oder schläft, die Farben, die man trägt oder zu verschiedenen Zeiten einsetzt, ja, jeder Schritt im Leben untersteht dem Fluss der Tattwas. Dies ist ein unerschöpfliches Thema, dem wir uns in dieser Arbeit intensiver annehmen wollen.

Die Bekreuzigung

Eines der verbreitetsten Rituale der christlichen Welt ist die Bekreuzigung. Schlägt man das Zeichen des Kreuzes und denkt man dabei an etwas, das im Zusammenhang mit der ursprünglichen Kreuzigung steht, wird ein religiöses Gefühl hervorgerufen, das sich sehr heilsam auswirken kann. Wenn man jedoch die Bedeutung dieses Rituals in Beziehung zum vierpoligen Wesen des Menschen versteht und es in diesem Sinne durchführt, wird es zu etwas sehr Mächtigem. Indem sich die Hand vertikal entlang der Körperachse bewegt und horizontal beide Seiten berührt, wird ein Ausgleich der Körperkräfte erzielt. Dieses Ritual sollte mit einem Zusammenführen der Hände in der Mitte des Körpers beendet werden, da dies ausgleichend wirkt. Wir werden in späteren Kapiteln sehen, welche praktische Bedeutung einem solchen Ausgleich in Beziehung zur Bewusstseinserweiterung innewohnt. So ist es auch nicht allgemein bekannt, dass die ritualistische Wirkung der Bekreuzigung viel wirksamer ist, wenn man dazu auf bestimmte Weise atmet.

Eine der wichtigsten Realisierungen, die mit dem Wissen um die Tattwa-Gezeiten einhergeht, ist, dass im grossen Lebensgefüge jeder Teil seine eigene Funktion hat. Man sollte sich nicht dazu verleiten lassen, diese oder jene Ebene seiner selbst als schlecht zu erachten. Keine Energie kann in einem *absoluten* Sinn je schlecht sein; sie kann lediglich zu einer gegebenen Zeit schlecht oder am falschen Ort eingesetzt werden. Mit anderen Worten kann sie *relativ* schlecht sein in dem Sinn, dass sie unausgewogen oder in Beziehung zum Ganzen unangemessen wäre. Wir haben die sieben Schwingungsebenen mit der Tonleiter verglichen. Es gibt keine Noten, die an und für sich schlecht wären, spielt man sie jedoch ausserhalb von Takt und Melodie, wirken sie falsch. Das Zeitgefühl ist massgebend, und die richtige Note muss am richtigen Ort gespielt werden. Um wohlklingende Musik hervorzubringen, müssen wir lernen, alle Noten richtig zu spielen.

Bewegungs- und Gefühlsorgane

Wenn die vier Pole des menschlichen Körpers einen festen Magneten darstellen und die Chakras das sind, was sie in Bewegung setzt, wird das gesamte Muster ein durch die vierpolige Bewegung eines jeden Chakras hervorgebrachtes Kraftfeld sein. Ändern die Polaritäten ihre Richtung, wenden sich auch die Drehungsrichtung und die Kraftfelder. Unsere Erfahrung wird auf jeder dieser Ebenen davon abhängen, ob sich die Energie durch das entsprechende Chakra nach innen oder nach aussen wendet. Die durch ein Chakra ausströmende Energie führt zur Bewegung. Das heisst, dass eine ausströmende Energie eine Erfahrung der Bewegung mit sich bringt; handelt es sich um eine nach innen fliessende Energie, empfinden wir auf der entsprechenden Ebene ein Gefühl.

Jedes der fünf unteren Chakras birgt demnach eine gefühlsmässige Erfahrung, die uns unsere Sinne gibt. Wir haben bereits fünf Bewegungsorgane, die dieselben Energien in ihrem nach aussen gekehrten Aspekt darstellen:

Scheitel	— kardinal
Stirn	— veränderlich
Kehle	— fest
Herz	— Luft
Sonnengeflecht	— Feuer
Kreuzbein	— Wasser
Steiss	— Erde

Auf den ersten Blick ist es nicht leicht, die Beziehung zwischen diesen Bewegungsorganen und den Gefühlen zu verstehen. Folgen wir jedoch den einführenden Bemerkungen, die die Begrenzungen eines rein intellektuellen Verständnisses darlegen. Durch Übung und Selbstbeobachtung wird man die Gültigkeit dieser scheinbar sonderbaren Grundsätze in der eigenen Erfahrung bestätigt finden. Über die mit jedem Chakra in Verbindung gebrachten Eigenschaften werden wir in den folgenden Kapiteln sprechen.

Die Mittelsäule

Es gibt noch einen weiteren wichtigen Faktor im menschlichen Körper. Dies ist die dritte Kraft, die man in der hinduistischen Philosophie *sushumna* nennt. Die positiven und negativen Energien heissen Pingala und Ida. Wie wir in früheren Kapiteln gesehen haben, führt jede Erscheinung zu einer Polarität. Erst wenn die positiven und die negativen Kräfte dieser Polarität sich im Gleichgewicht befinden, hören die Erscheinungen auf. Diese dritte Kraft nennt man in der Kabbalistik die Mittelsäule. Es ist der Kanal, durch den die Energien nur dann fliessen, wenn die beiden Kräfte ausgewogen sind. Die genaue praktische Bedeutung dieses Prinzips werden wir später untersuchen.

Schwingungszahlen

Die indische Tradition beschreibt die Chakras manchmal als Lotosblüten und schreibt jeder dieser Blüten eine bestimmte Anzahl Blätter zu. Dieser Gedanke ist für den Schüler oft verwirrend, bis er begreift, dass es sich hierbei lediglich um eine andere Bezeichnung für die Schwingungszahl oder Energiefrequenz handelt. Die Anzahl Blätter in jedem Lotus entspricht der Anzahl Speichen des Kraftrades. Um dieses Prinzip zu verdeutlichen, stellt man sich ein Experiment mit sich drehenden Rädern vor: Sie weisen scheinbar verschiedene Mengen an Speichen auf, je nachdem, wie schnell sie sich drehen.

Dementsprechend hängen auch die von den Chakras ausgehenden Farben mit deren Drehungsgeschwindigkeit zusammen. Farben bestehen aus Licht, das sich auf verschiedenen Frequenzen bewegt. Der Betrachter ruft in sich selbst meist diejenigen Schwingungen hervor, die er als Farbe wahrnimmt. Durch genaue Selbstanalyse kann man feststellen, auf welcher Ebene diese Farbe in einem selbst existiert. Jedes Chakra hat eine ihm entsprechende Farbe, durch die es beeinflusst wird. Was über das Licht gesagt wurde, gilt ebenfalls für den Bereich des Klangs. Jedes Chakra hat einen eigenen Klang und wird von diesem beeinflusst.

Angefangen beim Steiss-Chakra entsprechen diese Schwingungen in der indischen Tradition dem Verhältnis 4, 6, 10, 16, 96, 960.

Rechte und linke Seite

Eine interessante Frage, die mit den positiven und negativen Strömungen zusammenhängt, ist die der Prädominanz der einen oder der anderen Körperhälfte. Die meisten Leute haben einen Fuss, eine Hand, ein Auge, das stärker als das andere ist. Der eigentliche Grund hierfür ist, dass entweder die positive, gebende oder aber die negative, empfangende Seite ihres Wesens auf der entsprechenden Ebene stärker entwickelt ist. Es kann sein, dass diese positiven und negativen Kräfte im hochentwickelten Menschen gleichmässig verteilt sind. So sagt man zum Beispiel, dass der grosse Eingeweihte St. Germain mit seiner linken wie mit seiner rechten Hand gleich gut schreiben konnte — und zwar gleichzeitig.

Anziehendes und Abstossendes

Die bekannten Gesetze der Attraktion und Repulsion in der Elektrizität und im Magnetismus besagen, dass Gleiches sich abstösst, Entgegengesetztes sich jedoch anzieht. Diese Gesetze gelten ebenfalls für die positiven und negativen Ströme im menschlichen Körper. Fühlen und Handeln sind negativ und positiv. Demnach zieht einer Person Handlung immer Empfänglichkeit oder Gefühl bei einer anderen nach sich. Wir sehen dies in den Beziehungen zwischen den Geschlechtern, wo das aktive, handelnde männliche Wesen sich mit dem empfänglichen, weiblichen paart.

Durch das Sichausgleichen oder Paaren zweier entgegengesetzter Pole entsteht immer eine dritte Eigenschaft. Jedes neue Element oder Tattwa geht aus dem Zusammenspiel von positiven und negativen Phasen des vorhergehenden hervor. Man kann diesen Prozess mit dem Vermischen zweier Bestandteile vergleichen, aus deren Kombination ein dritter hervorgeht. Jede neue Erscheinung entsteht notwendigerweise aus dem Zusammenspiel einer positiven und einer negativen Kraft, wie zum Beispiel die Inkarnation der Seele durch die Vereinigung von männlich und weiblich.

In diesem Zusammenhang ist etwas über das Geschlecht von Neugeborenen zu erfahren; das relative Vorherrschen von positiven und negativen Faktoren in sowohl Vater wie auch Mutter zur Zeit der Zeugung bestimmt, ob sich die Seele in einem männlichen oder weiblichen Körper inkarniert.

Die Eigenschaften
der fünf unteren Chakras

Wir werden jetzt versuchen, die Eigenschaften, die mit den fünf unteren Chakras in Verbindung gebracht werden, zu definieren, indem wir uns jedes einzeln vornehmen. Es geht also um die eigentliche Erfahrung der sich in unserem Körper auf das entsprechende Chakra konzentrierende Energie.

Das Steisszentrum

Das Steisszentrum befindet sich unten am Rückgrat. Auf dieser Ebene haben die im Körper auftretenden Energien ihre langsamste Schwingungsdichte erreicht. Wenn wir uns diese Energieschwingung als Klang vorstellen, würde sie der tiefsten Note entsprechen, wie sie zum Beispiel von einer Tuba oder einem Kontrafagott hervorgebracht werden. Tatsächlich bringt die Musik dieser gröberen Schwingungen wie Militärmusik oder gewisse Jazzarten eine deutliche Wirkung auf die unteren Zentren hervor und tendiert dazu, ein Bedürfnis zu marschieren, zu stampfen oder zu schreiten wachzurufen.

Wie wir bereits erklärten, bringt die Energieschwingung im menschlichen Körper durch ein Chakra eine Erfahrung hervor, die die Hinduisten ein Tattwa, die westliche Philosophie ein Element nennt. Das Element des Steiss-Chakras ist die Eigenschaft der Festigkeit — mit anderen Worten das Erdelement.

Das Erdelement gibt uns die Eigenschaft der zusammenhängenden Festigkeit und des festen Gewichts. Auf dieser

Ebene erfahren wir Sicherheit und Befriedigung dem eigenen Zustand gegenüber, wie auch das Gefühl, so zufrieden zu sein, wie man ist; dabei gibt es keinen Wunsch nach Bewegung oder dem Wechsel in einen anderen Zustand. Die Schwingung des Erdelements gibt einem das Gefühl, mit beiden Füssen fest auf dem Boden zu stehen. Es ist wahr, dass wir uns manchmal unsicher und nervös fühlen, weil diese lebenswichtigen Ströme nicht durch unser niedrigstes Zentrum in die Erde fliessen.

Dieses Chakra regiert natürlich über alles Feste im Körper, wie Knochen, Zähne und Nägel. Alle Wesen, die der Erde nah sind, haben einen stark entwickelten Geruchssinn. Wir sehen dies ebenfalls an Leuten, die sich sehr intensiv mit materiellen Dingen befassen; oft haben sie grosse Nasen.

Das Kreuzzentrum

Das Kreuzzentrum befindet sich auf der Höhe des Kreuzbeins am Rückgrat. Auf dieser Ebene findet die Erfahrung der Flüssigkeit in uns selbst statt. Deshalb haben wir hier das Element des Wassers.

Die Idee der Energie, wie sie im Flüssigkeitsprinzip erfahren wird, mag auf den ersten Blick etwas Mystisches haben. Wir müssen uns an den Gedanken gewöhnen, dass die Energie innerhalb unseres Körpers sich in verschiedenen Bewusstseinsarten oder Elementen ausdrückt.

Manchen mag der Gedanke einer Reife oder Glätte verständlicher sein, wenn es um die wässrige Eigenschaft dieses Chakras geht. Damit eine Frucht zum Beispiel reif ist, muss das wässrige Element stark in ihr vertreten sein. Dies gilt auch für den Menschen. Damit Mann und Frau geschlechtlich reif sind, muss das flüssige Element in ihren Körper stark vertreten sein. Das Kreuzzentrum hängt demnach mit dem Flüssigkeitshaushalt des menschlichen Körpers wie Urin und Samen zusammen.

Jeder Mangel im Flüssigkeitshaushalt führt natürlicherweise zu Trockenheit. Dies kann wiederum Verhärtungen oder ein Austrocknen bedeuten, wie in solchen Krankheiten wie Arthritis. In diesem Fall trocknet das Knorpelgewebe aus, das normalerweise für eine natürliche Feuchtigkeit zwischen Knochen und Gelenken sorgt, und es kommt zu einer schmerzhaften Reibung. Reife und Glätte drücken sich in einer Erfahrung des Fliessens aus, der Flüssigkeit des wässrigen Tattwas.

Zu dieser Ebene gehört der Geschmacksinn. Wir alle kennen den Ausdruck, wonach einem das Wasser im Munde zusammenläuft, und es ist das wässrige Element, das den Speichel hervorbringt, der dies ermöglicht. Der Geschmacksinn ist demnach nur deshalb vorhanden, weil es das Element des Wassers gibt.

Das Sonnenzentrum

Das Sonnenzentrum befindet sich am Rückgrat, auf der Höhe des Sonnengeflechts. Auf dieser Ebene erfahren wir die Eigenschaft des Ausdehnungsvermögens, der Wärme und der Leutseligkeit. Dieses Chakra ist dementsprechend Sitz des Elements des Feuers in unserm Wesen.

Auf gewisse Weise scheinen Feuer und Wasser über einander abstossende Eigenschaften zu verfügen. Der glatte Fluss der wässrigen Eigenschaft führt nach unten und ist demnach kontraktiv in bezug auf das grundsätzlich aufstrebende Ausdehnungsvermögen des Feurigen.

Der Gesichtssinn leitet sich von der Tätigkeit dieses Chakras ab. Wir können erkennen, warum dem so ist, wenn wir uns überlegen, dass das Sehen vom Licht abhängt. Licht ist jedoch eine Eigenschaft des feurigen Elements und entsteht aus diesem. Demnach gibt es das Sehen nur dank dem feurigen Element.

Die zu einem gegebenen Augenblick in uns vorhandene

Kraft des Feuerelements regelt also die Helligkeit dessen, was wir sehen. Wir können die Gültigkeit dieser Aussage überprüfen, wenn wir beobachten, wie unsere Wahrnehmungen von unseren Stimmungen abhängen. Wenn wir uns gut fühlen, scheint alles hell, leuchtend, farbig, und das Leben kommt uns lebhaft und warm vor. Zu anderen Zeiten beobachten wir die Welt, und sie scheint uns grau, farblos und leer. Der Unterschied zwischen diesen zwei Stimmungen liegt einzig und allein in der relativen Kraft, die zu diesem Zeitpunkt vom Sonnen-Chakra ausgeht.

Die Nahrungsaufnahme durch Verbrennung wird durch die Tätigkeit dieses Chakras reguliert. Derjenige, der starken Schwingungen im Sonnen-Chakra unterliegt, wird viel Nutzen aus dem ziehen können, was er isst. Wer hingegen nie genug Energie aus seiner Nahrung zu schöpfen scheint, ganz gleich, wieviel er isst, weist Mängel im feurigen Element seines Körpers auf.

Das Herzzentrum

Das Herzzentrum befindet sich entlang dem Rückgrat, etwa auf der Höhe des Brustknochens. Auf der Herzebene erleben wir die Eigenschaften der Luftigkeit, Beweglichkeit, Freundlichkeit und Leichtigkeit. Diese drücken sich als «Bewegung auf etwas zu» aus und demnach als Beziehungen oder Sympathien.

Diesem Element der Luft entspricht der Tastsinn. Berühren drückt sich im wesentlichen in der Erfahrung von Beziehungen aus. Wir sprechen zum Beispiel davon, mit etwas oder jemandem «in Berührung» zu sein. Dies bedeutet eigentlich, dass zu diesem Zeitpunkt mehr oder weniger von unserer Herzeigenschaft zum Ausdruck kommt. Es ist das Luftelement, das unseren Beziehungen zur Erfahrung verhilft.

Zuviel von einer Eigenschaft ist immer schlecht. Dieses

Prinzip gilt ebenfalls für alle Chakras. Im Herzzentrum zu viel Beziehung haben führt zu Übersympathie und ruft Angst hervor. Ein Beispiel dafür ist der Zustand, den man in den Tagen Königin Viktorias «Dämpfe haben» nannte. Ein Überschuss an Luft oder des gasförmigen Elements im Körper bringt Benommenheit oder Schwindel hervor. Damals kurierte man dies mit Riechsalz, weil der Geruch in Verbindung zum Steiss-Chakra oder Erdelement steht. Die Energie wurde also zur Erde zurückgeführt und die körperliche Ausgewogenheit wiederhergestellt.

Das Kehlzentrum

Das Kehlzentrum hat seinen Sitz entlang dem Rückgrat, auf der Höhe der Kehle. Auf dieser Ebene erfahren wir die Eigenschaft des abstrakten Raumes. Dies ist charakteristisch für das Element des Äthers.

Wir haben gesehen, dass die vier unteren Elemente alle Eigenschaften aufweisen, die grundsätzlich mit Luft zu tun haben: Äther ist der Raum selbst, in dem sich diese Tätigkeiten entfalten.

Der Äther oder die Quintessenz, wie es die Alchimisten nannten, ist sozusagen der Mörser, in dem die vier unteren Elemente geformt werden. Er ist das verborgene Element hinter diesen vier, die Basis, aus der alle Elemente hervorgehen und zu der jedes Element zurückkehrt, wenn dessen Tätigkeit sich erschöpft und ein anderes Element an seine Stelle tritt. Die vier Elemente sind demnach in Wirklichkeit Abwandlungen des grundsätzlichen Äthers, der sich in jedes dieser vier verwandeln kann. In Begriffen der modernen Radiotechnik ist der Äther die Trägerwelle der vier Elemente.

Der Hörsinn entspringt dem ätherischen Element. Wenn man sich an einen Ort begibt, wo absolute und totale Stille herrscht, wird man nach einer Weile feststellen, dass hinter dieser Stille immer noch etwas vorgeht: eine subtile Allgegenwärtigkeit, die als «geräuschloser Klang» beschrieben worden ist. Wenn man dies erfahren hat, hat man gelernt, das ätherische Element in sich zu erkennen; doch ist dies schwieriger als das Erkennen der vier unteren Elemente.

Durch den Äther werden die vier anderen Elemente kontrolliert. Das Kehl-Chakra stellt eine lebenswichtige Brücke zwischen dem Prinzip des Denkens im Stirn-Chakra und diesen vier Elementen dar. So ist auch der biblische Spruch «Im Anfang war das Wort» zu verstehen.

Der Klang ist der mächtigste der fünf unteren Schwingungen und beeinflusst sie allesamt.

Die Stimme kann die Eigenschaft jeder der vier unteren Elemente annehmen. Sie kann tief und unempfänglich klingen — die Art von Stimme, die man mit solidem Beamtentum in Verbindung bringt — auf der Erdebene. Sie kann reif und sexuell einladend klingen auf der wässrigen Ebene oder warm und leidenschaftlich auf der Sonnenebene. Die Herzstimme ist zart und mitfühlend. Natürlich gibt es Kombinationen dieser Eigenschaften, und der Schüler kann viel lernen, wenn er seine eigene Stimme sowie die der Menschen um ihn herum studiert.

Transmutationen der Elemente

Im Leben gibt es keinen Schluss — nur Wandlungen. Das Total der Energie im Universum nimmt weder ab noch zu; es wandelt sich ständig von einem Schwingungszustand, einer Schwingungsstufe, zur nächsten entsprechend dem sich manifestierenden Fluss des Lebens.

Sowie ein Element in Erscheinung tritt, zieht sich ein anderes zurück. Wir können diesen Prozess sowohl an uns selbst wie auch um uns herum beobachten. Wenn Wasser zum Beispiel gefriert, kehren sowohl das flüssige wie auch das feurige Element zum Äther zurück, und an ihre Stelle tritt ein festes Element. Wenn das Eis dann aber Hitze ausgesetzt wird, kehrt das feste Element zum Äther zurück, aus welchem Wasser und Feuer nun wieder hervortreten. Dies bedeutet in Wirklichkeit, dass diese vier Elemente Äther sind, der seine Schwingungen ständig verändert, um sich in deren Form zu manifestieren.

Wir beobachten diese Veränderungen ausserhalb unserer selbst als Wechsel in den atmosphärischen Bedingungen. Es finden jedoch die ganze Zeit ähnliche Veränderungen in uns selbst statt. Hitze, zum Beispiel, beeinflusst unsere Flüssigkeit und verwandelt sie in Dampf. Indem wir also heiss haben, schwitzen wir, und die Tätigkeit des Kreuzzentrums ist eingeschränkt. Wir können anhand von eigenen Beobachtungen bestätigen, dass unsere sexuelle Aktivität eingeschränkt ist, sobald wir stark geschwitzt haben.

Die Elemente fliessen ständig durch unseren Körper, eines nach dem anderen. Aber jeder Körper hat eine natürliche Neigung für eines dieser Elemente. Das heisst, dass ein Element mehr Einfluss als die anderen haben wird. Dies wiederum hängt von unserer Geburtszeit ab, denn zu diesem Zeitpunkt dominierte eines der Elemente im universalen System oder Tierkreis. (Wir werden später noch auf diesen Punkt zurückkommen.) Wenn also dieses bestimmte Element in Ihrem Körper überhand hat, werden Sie sich am wohlsten fühlen, daher sagt man auch, jemand sei «in seinem Element».

Äther interveniert, oder vielmehr wacht demnach immer über jeweils ein Paar der unteren Elemente, wenn diese sich ablösen, und es ist durch die Kehle, dass die unteren Chakras beherrscht werden.

Worte eignen sich schlecht, um die subtilen Eigenschaften der Elemente zu beschreiben. Dies ist der Grund, warum die meisten Lehrsysteme Symbole einsetzen, um zur Wahrnehmung zu gelangen. Die hinduistische Tradition zum Beispiel benutzt die Eigenschaften gewisser Tiere zu diesem

Zweck: der Elefant wird als Symbol für die Erdeigenschaften eingesetzt, da er die Eigenschaften der Schwerfälligkeit und der Festigkeit verkörpert. In vielen Systemen werden auch grafische Symbole verwendet, bildhafte Darstellungen der zu erkennenden Kräfte.

Der Schüler mag es einfacher finden, sich die Elemente zuerst als Stimmungen innerhalb seiner selbst vorzustellen. Durch Selbstbeobachtung wird man mit der Zeit lernen, diese Erfahrungsebenen zu erkennen. Hippokrates, den man manchmal den Vater der Medizin nennt, gründete seine Lehren auf vier Stimmungen, Launen oder Temperamente. Seine Ausdrücke für diese vier Temperamente: phlegmatisch, cholerisch, sanguinisch und melancholisch scheinen auf natürliche Weise mit Erde, Wasser, Feuer und Luft der vier unteren Chakras verbunden zu sein.

Jegliche Krankheit entsteht aus einer Unausgewogenheit der Kräfte im Rückgrat. Wenn der Körper aus dem Gleichgewicht geraten ist, ist es nicht mehr heil. Das Wort «heil» hat also mit «heilen» und «heilig» zu tun.

Indem die Lebenskraft in ihrer niedrigsten Schwingung langsam hinabsteigt, verfängt sie sich mit jedem Schritt mehr und mehr in der grobstofflichen Materie, und jedes Element geht aus dem Austausch von positiven und negativen Phasen des vorhergehenden hervor. Sowie jedes neue Element entsteht, tritt auch ein neuer Sinn auf. Auf der ätherischen Ebene gibt es nur einen Sinn, doch auf der Erdebene haben wir fünf Sinne. Auf der ätherischen Ebene können wir nur hören; Luft kann jedoch sowohl gehört als auch gefühlt werden; Wasser kann man spüren, hören, sehen und schmecken; die Erde, letztlich, kann mit allen fünf Sinnen wahrgenommen werden.

Um dieses Kapitel abzuschliessen, fassen wir nun dessen Hauptpunkte nochmals zusammen:

Element	Sinn	Symbol

Erde
ist es zufrieden, zu bleiben,
wo sie ist und wünscht
sich nicht zu bewegen oder
sich in einen anderen Zustand
zu verwandeln.

riechen

Wasser
möchte nach unten fliessen
und sich somit zusammenziehen.

schmecken

Feuer
möchte sich ausdehnen und
demnach verzehren.

sehen

Luft
möchte sich ständig an einen
anderen Ort begeben und
demnach in Beziehung mit etwas
anderem treten.

berühren

Äther
ist der Raum, in welchem diese
vier Elemente wirken.

hören

Das Stirnzentrum

Das Stirnzentrum befindet sich etwa zwischen den Augenbrauen, in der Stirnmitte. Die Funktion des Stirn-Chakra wird durch seinen Sanskrit-Namen *Ajna,* was Befehl bedeutet, gut umschrieben. Es ist von dieser Stufe aus, dass wir, haben wir sie einmal erreicht, die ganze Persönlichkeit oder das niedrige Selbst beherrschen können. Es ist der Sitz des Gehirns, und auf dieser Ebene findet das Denken statt; das heisst, ein Fluss von gedanklichen Bildern und abstrakten Ideen läuft ständig vor unserem Geist ab.

Die Macht der Gedanken

Der Gedanke ist so mächtig, dass er sich durch den Äther hindurch materialisiert. Was wir denken, werden wir. Alles, was auf der materiellen Ebene existiert und durch die Sinne aufgenommen werden kann, ist vorher als geistiges Bild im Gehirn seines Schöpfers geschaffen worden. Genau wie der Äther der subtile und durchdringende Untergrund der vier niederen Elemente darstellt, ist der Gedanke das sogar noch subtilere und mächtigere Prinzip über dem Äther. Um irgendetwas zu schöpfen, muss man es sich zuerst in Gedanken vorstellen. Diese Aussage umfasst jedoch einen enormen Bereich der praktischen Anwendung und Anstrengung. Es ist sehr schwer, seine Gedanken derart zu beherrschen, dass nur jene Bilder hervortreten, die wir möchten und keine anderen.

Gedankenkontrolle

Die Kontrolle über ein jedes Ding beinhaltet, dass man es nicht nur dann verwenden kann, wenn man es braucht, sondern auch, wenn man es nicht mehr braucht. Wenn wir einen bestimmten Prozess nicht dann stoppen können, wenn wir es wollen, werden wir von ihm beherrscht, statt umgekehrt. Beherrschung eines Instruments oder eines Werkzeugs bedeutet eine gewisse Objektivität ihm gegenüber und deshalb auch eine gewisse Unabhängigkeit. Denken Sie über das Gleichnis des Farbtopfs nach. Wenn man diesen beherrschen oder einsetzen will, um ein Zimmer zu streichen, muss man aufpassen, dass man nicht in eine zu enge Beziehung zu ihm tritt. Wenn die Farbe nämlich einmal an unseren Händen ist, können wir sie nicht mehr perfekt beherrschen. Kurz gesagt, muss man fähig sein, die Farbe auf einen gewissen Abstand zu halten, um sie zu beherrschen.

Gedankenkontrolle bedeutet demnach, dass wir nur das in unserem Geist sehen sollen, was wir an Ideen und Bildern sehen möchten. Es heisst, dass wir willentlich aufhören können zu denken, wenn wir unseren Geist nicht brauchen. Die meisten Menschen müssen noch einiges dazulernen, bis sie diese Stufe erreicht haben, und nur das denken können, was sie wirklich wollen.

Symbole

Das kreative Denkvermögen kann gezähmt und eingesetzt werden, und einer der einfachsten Wege, dies zu tun, besteht im Einsatz von Symbolen. Ein Symbol ist ein Schlüssel, durch den wir geistig Kontakt mit einer bestimmten Eigenschaft aufnehmen, die wir zu gebrauchen wünschen. Es ist ein Instrument, durch das wir uns geistig auf eine Eigenschaft oder ein Merkmal konzentrieren, mit dem wir arbeiten möchten. Wenn wir zum Beispiel nervös oder unausgeglichen sind, wird dies einem Mangel am Erdelement in unserem Körper zuzuschreiben sein. Um dieser Situation entgegenzuwirken und ein Gleichgewicht der Kräfte wiederherzustellen, mögen wir das Erdelement in uns selbst hervorzurufen wünschen. Für diejenigen, die es gewohnt sind, den Geist direkt auf die verschiedenen Ebenen zu konzentrieren, kann dies ein beinahe automatischer Prozess sein. Dieser Prozess kann jedoch durch den Einsatz eines Symbols um vieles erleichtert werden, wenn dieses für den, der es verwendet, die Eigenschaft der Erdigkeit versinnbildlicht. Man könnte zum Beispiel das geistige Bild eines Elefanten benutzen. Indem man sich auf dieses Bild konzentriert, wird man allmählich jenseits oder hinter der blossen Form anlangen und finden, dass der Geist langsam die durch diese Form versinnbildlichte Eigenschaft annimmt. Der Geist verändert tatsächlich seine Schwingungsdichte und geht zu der langsameren Erd- oder Steiss-Chakra-Frequenz über.

So gibt es ein passendes Bild für jede Eigenschaft oder jedes Tattwa. Doch sollte man sich davor hüten, jedes Symbol als absolut zu erachten, da ein Symbol zwar bestimmte Eigenschaften für den einen darstellt, für einen anderen Menschen jedoch aufgrund von dessen Assoziationen etwas ganz anderes bedeuten kann. Darum ist es vielleicht am besten, wenn man sich seine eigenen Symbole schafft. Ist dies einmal gemacht worden, sollte man aufpassen, dass sie durch andere Assoziationen nicht geistig verfremdet werden. Die Wirksamkeit eines jeden Symbols hängt von seiner Reinheit ab, das heisst, von der Assoziation im Geist dessen, der es verwendet, mit einer einzigen Eigenschaft.

Ein geistiges Symbol kann von einer materiellen Form wie eine Statue oder ein Medaillon verkörpert werden, und so zu einem Talisman werden. Wohingegen ein geistiges Symbol meist individueller Art ist und nur seinem Benutzer bekannt, kann der Talisman auch unabhängig von seinem Schöpfer wirksam sein. Ein Talisman, der mit einer bestimmten geistigen Kraft imprägniert worden ist, kann von anderen als Instrument benutzt werden.

Gedankenströme

Indem man sich auf die richtige geistige Frequenz und Wellenlänge einstellt, kann man unmittelbar geistig mit anderen kommunizieren, gleich auf welcher Distanz. Wir beeinflussen andere Menschen ständig durch unsere Gedanken und werden auch von ihnen beeinflusst. Manche von uns mögen die Erfahrung der Gegenwart eines Menschen gemacht haben, der starke positive und kreative Gedanken ausstrahlt. Auch wenn keine Kommunikation auf einer anderen Ebene stattfindet, werden wir uns sofort angeregt fühlen. Gleichermassen erniedrigen uns Menschen mit negativen Gedankenmustern auf mysteriöse Weise. Diejenigen, die sich dessen, was auf den subtileren Gedankenebenen passiert, nicht gewahr sind, finden diese Einflüsse unerklärbar und aufwühlend. Wenn man jedoch die Macht des Denkens versteht, scheinen diese Auswirkungen ganz natürlich.

Das Beste wie auch das Schlechteste auf dieser Welt wird von mächtigen Gedankenströmen hervorgebracht, welche die Menschheit beeinflussen und lenken.

Zeit

Es ist unsere geistige Tätigkeit, die uns jene Erfahrung vermittelt, die wir Zeit nennen. Wir haben gesehen, dass es im Geist zu einem unablässigen Strom subtiler, flüchtiger Bilder kommt, wenn dieser seine Veränderungen und Transformationen durchläuft. Zeit ist die Folge dieser geistigen Bilder. Also besteht die Beziehung zwischen zwei geistigen Bildern aus dem Gefühl der verstreichenden Zeit.

Man vergleicht dies am besten mit den sich bewegenden Bildern eines auf eine Leinwand projizierten Films. Wird zuerst ein Bild von einer Rosenknospe gezeigt, dann eines, auf dem diese Knospe sich öffnet, und letztlich ein Bild, auf dem die Rose voll erblüht ist, erlebt man das Gefühl eines Zeitablaufs. Dies ist ein sehr passender Vergleich, da der Geist auf derselben Art Bilder projiziert, und indem er dies tut, stellen wir eine Verbindung zwischen den entweder rückläufigen oder sich vorwärts bewegenden Bildern her, was wir dann je nach dem Zukunft oder Vergangenheit nennen.

Der Eindruck dieser sich entweder in Richtung Zukunft oder Vergangenheit bewegenden Zeit stellt daher die Erfahrung des Vergleichens auf geistiger Ebene dar, da zwei verwandte geistige Bilder oder Eindrücke einander gegenübergestellt werden. Die Beziehung zwischen ihnen ist die Erfahrung der Zeit. Äusserst wichtig ist hier, dass die Veränderungen des Geistes keinerlei Erfahrung von Zeit unterliegen, wenn sie durch Konzentration und Meditation stillgelegt worden sind. Da es in solchen Momenten keine auftretenden geistigen Bilder gibt, kann es auch zu keiner Beziehung zwischen ihnen kommen, und demnach gibt es dann auch keine Zeit. Wenn man sich in einem solchen Bewusstseinszustand befindet, ist man sich nur des Ewigen Jetzt gewahr. Sobald das Gehirn jedoch erneut anfängt zu vibrieren und Eindrücke und Bilder hervorbringt, stellen wir Beziehungen zwischen diesen her und erleben dadurch auch wieder die Zeit. Um es mit dem im ersten Kapitel benutzten Rad zu vergleichen, haben wir uns von dessen Rand nach innen bewegt, wo wir Trennung und somit auch Beziehung und Zeit erfuhren, bis zum Kern, wo es nur Einheit und Jetzt gibt.

Die Zeit ist demnach etwas, dass wir selbst schaffen, indem wir unsere eigenen geistigen Bilder hervorbringen. Diese Bilder sind flüchtig, und so sind auch Vergangenheit und Zukunft blosse Illusion, wenn man sie vom Standpunkt des spirituellen Prinzips aus betrachtet. Dieses aber tritt nur dann auf, wenn das Gehirn völlig still ist.

Im nächsten Kapitel werden wir uns mit dem Geist auseinandersetzen, doch können wir uns jetzt schon merken, dass man das Gehirn dazu brauchen kann, um über den Geist nachzudenken. Manche Leute verwechseln diesen Prozess des Nachdenkens über den Geist mit der eigentlichen Erfahrung ihres Geistes. Doch steht der Geist überhaupt über dem Gehirn. Das Gehirn führt uns in diesem Punkt in die Irre, denn je mehr wir über den Geist nachdenken, desto weniger werden wir ihn erfahren.

Das Scheitelzentrum

Das Scheitelzentrum befindet sich oben auf dem Kopf und entspricht der Position der Zirbeldrüse. Es ist dies der Sitz der höchsten Energieschwingung im Menschen.

Diese Schwingung wird in der Kunst oft als Heiligenschein dargestellt, der das Haupt von hochentwickelten oder heiligen Menschen umgibt. Statuen oder Darstellungen des Buddha weisen meist das Scheitelzentrum oben auf dem Kopf auf. Die von Mönchen praktizierte Tonsur hat ihren Ursprung ebenfalls in der Funktion dieses Zentrums. Die christliche Tradition verweist symbolisch auf die vierundzwanzig Ältesten, die ihre Kronen für immer vor Gottes Thron niederlegen. Dies bezieht sich auch auf das Ausschütten von spiritueller Energie durch das Scheitelzentrum.

Die Mystische Hochzeit

Auf der Ebene des Gehirns erleben wir die Erfahrung von objektiven Gedankeneindrücken oder Bildern, die im Gehirn auftauchen. Auf der geistigen Ebene gibt es jedoch nur eine subjektive Erfahrung des *ich bin,* ohne objektive Seite. Was die Trinität oder die drei Gunas anbetrifft, hat man sich vom zweiten und dritten Prinzip distanziert oder es verworfen und sich ganz auf das erste Prinzip konzentriert. Wenn dies ereicht worden ist, hat man Yoga oder Vereinigung erlangt. Das niedere Selbst ist mit dem höheren durch Umwandlung der Energien von den unteren Zentren zu den oberen verschmolzen worden. Dies nennt man die Mystische oder Alchimische Hochzeit. In der hinduistischen Tradition wird es die Vereinigung der Purusha und der Prakriti genannt.

Dies ist die Erfahrung, die in so manchen mystischen Aussagen wie «*Ich bin* der Weg und das Licht»; «Seid still, und ihr werdet wissen, dass *ich* Gott *bin*»; «*Ich bin* dem Menschen alle Dinge» reflektiert wird. Auf der geistigen Ebene gibt es nur die Erfahrung des «*ich bin*», doch weil man sich mit dem geistigen oder universellen Prinzip in sich selbst identifiziert hat, kann man vom universellen Standpunkt aus sprechen. Man kann sagen *ich bin* und wissen, dass dieses *Ich* das ganze Leben umfasst, weil man sein Bewusstsein als universell erlebt hat.

«Denn seht, *ich* mache alles neu», drückt dieses Gefühl der Neuheit, das man manchmal als ein Gefühl des Wunderbaren auf der spirituellen Ebene bezeichnet hat, ebenfalls aus. Es ist das Bewusstsein auf der Ebene des Scheitel-Chakras, das in dieser Erfahrung der unbeschreiblichen Gnade der Vereinigung mit der eigenen Quelle erfahren wird — der göttlichen Wirklichkeit im eigenen Bewusstsein. Dies ist die mystische Erfahrung sämtlicher Religionen. Dieser Zustand ist sehr treffend als einer der «isolierten Einheit« beschrieben worden, und es ist tatsächlich eine Erfahrung des Alleinseins. Paradoxerweise ist dieses Alleinsein ein All-eins-sein, woher dieses Wort natürlich auch stammt. Auf dieser Ebene erfährt man Einheit mit allem Leben, wie es im Lebensrad des ersten Kapitels dargestellt wurde. Man befindet sich im Zentrum des Lebens, und das Getrenntsein, das auf der objektiven Erfahrung beruht, ist verschwunden. Um also mit dem Leben in seiner Gesamtheit auf der geistigen Ebene eins zu werden, besteht ein weiterer Widerspruch darin, dass man sich auf der äusseren oder persönlichen Ebene von ihm entfernen muss.

Viele Menschen haben nicht den nötigen Mut, um auf ein

Verhaftetsein auf der persönlichen Ebene zu verzichten, weil sie meinen, sie würden sich so vom Leben trennen. Erst wenn dieser Verzicht jedoch vollzogen worden ist, sieht man ein, dass das einzige, was man aufgegeben hat, eigentlich die illusorischen Begrenzungen des niederen Ich sind. Indem man dies tut, kommt man in einen höheren Bereich, wo man allen Lebewesen näher ist, in einer tieferen und wahreren Vereinigung. Um sein wahres Ich zu finden, muss man sein niederes oder illusorisches Ich aufgeben. Das Finden des wahren Ich entspricht der Umwandlung von Energien der unteren Chakras zum Scheitel.

Wie wir gesehen haben, ist Zeit die Erfahrung eines Miteinander-in-Beziehung-bringen gedanklicher Formen, die das Gehirn hervorgebracht hat, und existiert nicht auf der geistigen Ebene, wo alles im Jetzt stattfindet und doch gleichzeitig immer neu ist.

Wirklichkeit und Illusion

Für die Vedanta ist die geistige Erfahrung Advaita oder Nicht-Dualität, weil die objektive Polarität des Lebens aufhört, sobald man sich im Zentrum des subjektiven Ich befindet. Kann man in diesem Zustand ewig verweilen? Hier haben wir eine der subtilsten metaphysischen Fragen, die je erörtert werden kann. Vom Gesichtspunkt der Zeitwelt aus gesehen, gibt es eine unablässige Schwingung, einen Rhythmus zwischen den Polen von Geist und Materie, und demnach können wir genausowenig im Geist verweilen, wie wir die ganze Zeit schlafen können. Wir müssen sowohl den Rhythmus des Schlafs wie auch des Wachens erfahren, des Einatmens und des Ausatmens, der Geburt und des Tods und aller Paare von Gegensätzen, die zur objektiven Welt von Zeit und Form gehören. Es sind diese Rhythmen, die uns die Tattwa-Gezeiten bringen, was dasselbe ist, wie das zyklische oder periodische Gesetz aller Erscheinungen.

Jeder, der schon meditiert hat, wird wissen, dass er sich nicht dauernd im Zustand der Meditation aufhalten kann, und hat er die höheren Stufen innerhalb seiner Selbst einmal erreicht, wird er diese wieder hinabschreiten müssen, um sie durch kreatives Handeln in Erscheinung zu bringen. Wenn dieser Ausdruck vollendet worden ist, wird er den Drang verspüren, wieder zu sich selbst zurückzukehren. Die Gnade der Vereinigung mit dem göttlichen Prinzip im Selbst ist vielleicht ebenso relativ wie jede andere Erfahrung, indem ihre Bedeutung nur im entgegengesetzten Zustand der objektiven Dualität erfahren werden kann. Wasser ist nur für den köstlich zu trinken, den Durst plagt, Hitze tut dem wohl, der friert, und Kälte dem, der heiss hat.

Wenn man es jedoch vom Standpunkt des Geistes aus betrachtet, könnte man da nicht sagen, dass man diesen Zustand in Wirklichkeit nie verlässt? Dies scheint der traditionelle vedantische Standpunkt zu sein, dass die objektive Welt Maya oder Illusion ist, indem nichts in ihr beständig ist und alle Formen ständig erscheinen und wieder verschwinden, wie die Wellen der See. Nur das Bewusstsein des *ich bin* ist ewig und unveränderlich.

Kann man aber nicht argumentieren, dass sogar eine Illusion zu der Zeit, wo sie erfahren wird, wirklich ist? In der indischen Parabel des Seils und der Schlange verwechselt ein Mann ein Stück Seil mit einer Schlange und hat Angst. Als er realisiert, dass es sich um ein Seil handelt, verschwindet seine Angst. Sie war illusorisch, da es die Schlange gar nie gab. Stimmt dies aber wirklich? Für den Betrachter der Illusion war die Schlangenhaftigkeit des Seils vielleicht zu der Zeit, als er sie wahrnahm, genauso echt, wie als er die Schlange dann als Seil sah. Das Problem scheint einfach, ist es einmal gelöst, doch ist es vielleicht nicht sehr gut, wenn jemand, der dieses Problem gelöst hat, anderen erzählt, wie einfach es sei.

Atem und die Chakras

Der menschliche Atem kann als die Lebenskraft definiert werden, die zwischen der vertikalen Polarität von Geist und Materie (Scheitel und Steiss) und der horizontalen Polarität der linken und der rechten Seite des menschlichen Körpers gleich Ebbe und Flut steigt und fällt.

Der grosse Atem

Im weitesten Sinn versteht man unter dem grossen Atem Ebbe und Flut der Lebenskraft zwischen den Polaritäten im universellen System. Es gibt eine eigentliche Entsprechung zwischen dem Menschen oder mikrokosmischen Energiesystem und dem universellen oder makrokosmischen Energiesystem. Eines ist eine Widerspiegelung des anderen, und diese Wahrheit findet sich auch im alten hermetischen Satz «Wie oben so unten» verkörpert.

Der universelle oder grosse Atem umfasst die Bewegung der Planeten und himmlischer Körper in ihren periodischen Zyklen, die Zeichen des Tierkreises und die Jahreszeiten. Der menschliche Atem weist ebenfalls Zyklen und durch die Jahreszeiten bedingte Fluktuationen auf. Die Aktivitäten der Chakras entsprechen den planetarischen Zyklen, wie sie von den Planeten durchwandert werden.

Im Leben der meisten Menschen stimmt der menschliche Atem jedoch nicht mit dem grossen Atem überein. Diese Übereinstimmung des menschlichen Atems mit dem grossen Atem ist ein Ziel, das wir erreichen müssen und stellt die völ-

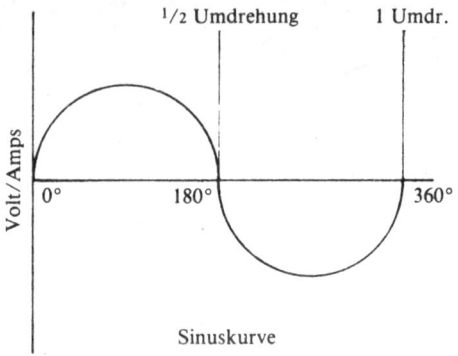

Sinuskurve

lige Identifikation des persönlichen Ich mit dem universellen Ich dar.

Der Rhythmus des Atems

Das dem Atem unterliegende Prinzip heisst Fluss, und der Rhythmus des Atems im menschlichen Körper ist ein Ansteigen und Abfallen der Energien. Es scheint selten wahrgenommen zu werden, dass mit jedem Einatmen die Energie eigentlich in die höheren Chakras hinaufgezogen wird, während das Ausatmen ein Hinabfliessen von Energien in die Welt der Sinne bedeutet. Einatmen bedeutet demnach buchstäblich eine Aspiration, die uns in den Bereich des Geistes hinaufsaugt, und das Ausatmen führt uns hinab zur Materie.

Demzufolge sollten wir jedes Mal, wenn wir etwas Beschwerliches tun und dafür Energien aufwenden müssen, die von oben nach unten verlaufen, zuerst tief einatmen. Sind die Lungen einmal voll, sollte die eigentliche Anstrengung bei gleichzeitigem Ausschnaufen unternommen werden. Wie im dritten Kapitel beschrieben, bewegt sich der Atem ebenfalls zwischen der rechten und der linken Seite des menschlichen Körpers. Durch dieses Auf und Ab und der Bewegung

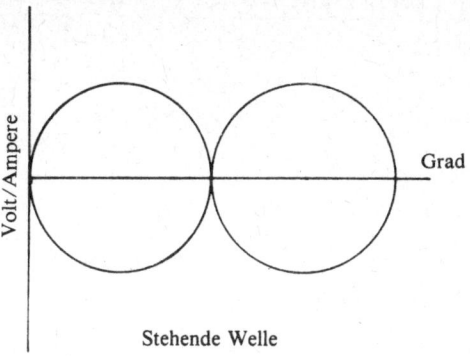

Stehende Welle

von einer Seite zur anderen erhalten wir das Spiralmuster des Caduceus oder den Hermesstab, dieses bekannte esoterische Symbol. Wenn Elektrizität hervorgebracht wird, kann dieser Prozess auf dem Papier grafisch als Sinuskurve dargestellt werden, und zwar wie in Abb. Seite 58.

Wenn der Impuls sein Ende erreicht, kehrt er über einen Phasenwechsel von 180° zurück. In elektrischen Ausdrücken bedeutet dies demnach, dass der Caduceus lediglich aus zwei Sinuskurven besteht, die auslaufen und zurückkehren, was man als stehende Welle bezeichnet.

Dieser Atemfluss von einer Seite zur anderen zeigt sich darin, wie der Atem sich von einem Nasenloch zum anderen unterscheidet. In einem von diesen beiden wird er zu einer gegebenen Zeit vorherrschen. Dies wurde in einem früheren Kapitel bereits besprochen (siehe Wechselströme, S. 27).

Indem man den Energiefluss dazu veranlasst, auf der rechten oder linken Seite zu prädominieren, kann man in diesem Körper Veränderungen hervorrufen. Wenn wir uns in Einklang mit dem Makrokosmos befinden, finden diese Abwechslungen des Atems automatisch und zu den gewünschten Zeiten statt. Wenn das linke Nasenloch mehr Atem fasst, spüren wir unsere Gefühle. Dieser Prozess entspricht den Säulen der Strenge und des Mitgefühls im kabbalistischen Lebensbaum. Wenn der Atem gleichmässig durch beide Nasenlöcher fliesst, hat dies eine besondere Bedeutung, die wir im nächsten Kapitel erörtern wollen.

Die relative Länge des Ein- und Ausatmens und die dazwischenliegenden Pausen — sowohl beim Ein- wie auch beim Ausatmen — sind ebenfalls sehr wichtig. Man kann die Pause nach dem Einatmen mit der Zeit verlängern, und dies hat einen vergeistigenden Einfluss auf das Bewusstsein. Wenn man diese Pause hingegen nach dem Ausatmen einlegt, wird eine gegenteilige Wirkung erzielt. Dieses Prinzip kann man beim Seufzen am besten sehen. Ein tiefes Einholen der Luft deutet auf ein erhebendes Gefühl, wie wenn man zum Beispiel seinem Erstaunen über eine schöne Landschaft Ausdruck verleiht. Ein Seufzer nach aussen deutet auf ein Gefühl der Trägheit, wie wenn man gähnt, weil die Energien einen verlassen.

Es ist oft betont worden, dass man die aufstrebenden und die ablaufenden Impulse des Atems idealerweise durch einen gleichmässigen Rhythmus des Ein- und Ausatmens in Übereinstimmung bringen sollte. Wie wir jedoch gesehen haben, ist das Leben ein ständig fliessender Prozess, wo verschiedene Eigenschaften verschiedene Erscheinungen hervorbringen. Deshalb scheint es logischer, dass wir sowohl den ausgehenden wie auch den eingehenden, den linken wie den rechten Atemrhythmus verändern können, um den Bedürfnissen eines jeden Augenblicks gerecht zu werden.

Nur wenige Menschen schöpfen die volle Kapazität ihrer Atemfähigkeit aus. Atmen heisst leben, und die Atemmenge, die wir einatmen können, spielt eine lebenswichtige Rolle. Allgemein gesprochen wird ein langsamer Atem auch ein tieferer Atem sein und schnelles Atmen oberflächlicher. Viele Yogis messen die Lebensdauer nicht an der gelebten Anzahl Jahre, sondern an der Anzahl Atemzüge während dieses Lebens. Auch gibt es immer noch sehr viele Menschen, die die sehr ungesunde Angewohnheit haben, durch den Mund zu atmen.

Regeneration

Indem man besonderen Nachdruck auf das Ein- oder Aufwärtsatmen legt, vergeistigt oder regeneriert man sich. *Degeneration* ist eine Betonung des den Körper verlassenden Atems. *Regeneration* ist eine Betonung des in den Körper eindringenden Atems. *Generation* ist ein angemessener Rhythmus der beiden.

Dieses Prinzip hat eine interessante Entsprechung auf dem Gebiet der Wirtschaft, wo der Regenerationsprozess einer Investitionstätigkeit entspricht. Durch Investierung umgeht man sofortiges Ausgeben, um später ein noch grösseres Einkommen erwarten zu können. Es ist das Prinzip des Sparens oder Wartens. Durch Regeneration reinvestiert man seine Kräfte, um später ein grösseres Seelenwachstum ausweisen zu können. Degeneration heisst zuviel ausgeben. Generation ist ein Ausgleich zwischen sparen und ausgeben.

Atem-Mantras

Mantras, die in Zusammenhang mit dem Atem eingesetzt werden, können dem Schüler viel bringen. Dies ist ein weitverzweigtes Thema. Ein Beispiel ist das *Su Haam*-Mantra, welches von Yogis benutzt wird. Der *Su*-Klang wird beim Einatmen ausgesprochen und steht für den leisen Klang der niederen Schwingungen, wenn die Lebenskraft entlang den höheren Chakras aufsteigt. Der *Haam*-Klang wird beim Ausatmen ausgesprochen und steht für den gröberen Klang der unteren Schwingungen, wenn die Lebenskraft absteigt. Das *m* am Ende des *Haam* wird durch ein Schliessen des Mundes hervorgerufen, und dieses *m* bewirkt ein Objektivieren des Klangs.

Der Atem scheint die Form desjenigen Tattwas anzunehmen, das im Körper gerade überhand hat (siehe Seite 45). Man sagt, dass man dies sehen kann, wenn man einen Spiegel anhaucht. Einige neuere wissenschaftliche Untersuchungen im Fotografieren von ätherischen Formen scheinen dies zu bestätigen.

Atemkontrolle

Ein geduldiges Beobachten des eigenen Atemstroms kann mit der Zeit dazu führen, dass man die lebenswichtigen Kräfte beherrscht und sie willentlich zu den gewünschten Zentren führen kann. Nach und nach lernt man, die Veränderungen in den Schwingungen zu erkennen, die auftreten, wenn der Atem oder die Lebenskraft die verschiedenen Ebenen durchläuft. So lernt man die Elemente oder Tattwas beherrschen.

Solange der Atem kommt und geht, leben wir in einer Welt der Gegensätze — der Welt der Formen. Der letzte Schritt einer Beherrschung besteht darin, dass der Atem überhaupt aufhört und man die Welt der Formen verlässt und sich in den spirituellen Bereich, in das universelle Bewusstsein zurückzieht. Nur der Eingeweihte kann sich auf diese Art vollständig zurückziehen.

Jeder Rückzug ist jedoch sehr stark eine Frage der Abstufungen. Es ist durch dieselbe Pforte, dass wir den Schlaf, den Tod oder eine tiefe Meditation finden, es ist lediglich eine Frage der Stufe oder des Masses.

Der Schlaf

Die Tiefe des Schlafs ist bei jedem sehr verschieden. Manche Menschen verlassen ihren Körper nie und fühlen ihr Bewusstsein auch wenn sie schlafen. Manche haben kein Gefühl von Bewusstsein, sondern bleiben geistig aktiv, indem sie Traumzustände hervorbringen. Manche vermögen den

Körper und das Gehirn zu verlassen und verweilen auf einer noch höheren Ebene, von der sie wahrhaft erfrischt zurückkehren, wenn sie aufwachen.

Der Tod

Dasselbe gilt auch für den Tod, wo die Stufe, bis zu der die einzelne Seele vordringt, vom eigenen Entwicklungsprozess abhängt. Manche Seelen bleiben praktisch mit der Erde sogar dann verhaftet, wenn sie ihren physischen Körper hinter sich gelassen haben. Oft trachten sie bereits danach, wiedergeboren zu werden oder manchmal auch nur, das Gefühl der Welt durch eine inkarnierte Seele zu erleben, die sie zu beeinflussen oder zu besitzen suchen. Andere gehen friedlich zu höheren Zuständen über. So mögen sie in einer ersten Stufe ihre Bekanntschaften mit anderen körperlosen Seelen erneuern, um dann zu noch höheren «Gefilden» aufzubrechen, wo sie sich vollends erneuern, bis der Impuls, sich in einer Form zu verwirklichen, sie wieder dazu führt, geboren zu werden.

Tiefe Meditation

Bei der tiefen Meditation versucht das Bewusstsein das zu unternehmen, was die meisten von uns mehr oder weniger freiwillig im Schlaf oder im Tod tun. Es zieht sich auf jene Ebene zurück, wo es sich am ewigen Born des Lebens, seiner eigenen spirituellen Quelle erneuert.

Dieser Prozess ist ebenfalls eine Frage der Stufen, je nach Meisterung. Der Adept, der gelernt hat, seinen Atem oder seine Lebenskraft auf allen Stufen zu beherrschen, kann diesen anhalten und sich aus seinem Körper zurückziehen, ohne ihn deshalb völlig zu verlassen. Er kann auch wieder in ihn zurückkehren, wenn er ihn braucht. Indem er zu den notwendigen Zeiten willentlich stirbt, um sich zu erneuern, vermeidet er einen unabsichtlichen Tod in der üblichen Weise.

Ein solcher Eingeweihter mag ein langes Leben von vielleicht mehreren Jahrhunderten benötigen, bis er eine für die Entwicklung des Menschen notwendige Arbeit bewältigt hat. Demnach könnte er während dieser Zeitspanne in seinem Körper verweilen, wenn er ihn auf der beschriebenen Weise erneuert. Dies könnte vor allem deshalb sehr nötig sein, weil es für eine derart entwickelte Seele schwierig sein dürfte, einen geeigneten Körper zu finden, in den sie eingehen könnte. Ein solcher Eingeweihter würde seinen Körper am Ende seines Lebens dematerialisieren, weil seine Arbeit auf dieser Ebene vollendet wäre.

Lebenszyklen

Die Länge unseres Lebens verhält sich proportional zum Lebensgrund der Seele des höheren Ich. Wenn diese Seele ihren Zweck erschöpft hat, zieht sie sich zurück, da sie ihr nach unten gerichtetes Potential aufgebraucht hat. Der Geist vermittelt ein sehr starkes Gefühl der Berufung, und wenn sich sein Ziel erfüllt hat, muss die Seele sich durch Rückzug selbst erneuern. Sämtliches Leben manifestiert sich zyklisch. Jeder Atemzug — ob aus oder ein —, jeder Tag und jede Nacht des Wachens und des Schlafens, jedes Leben und jeder Tod in einem Körper, all dies gehorcht demselben Prinzip in einem grösseren oder geringeren Mass. Sie alle sind Ausdruck des periodischen oder zyklischen Gesetzes, das sich inmitten der Schwingungen des Lebens zwischen seinen Polen manifestiert.

Übungen

Die Wissenschaft der Chakras hat sehr viel mit *Atem* und *Haltung* zu tun. Um die enorme Wichtigkeit dieser zwei Ausdrücke zu verstehen, müssen wir sie in ihrem weitesten Sinn betrachten. *Haltung* muss demnach als die gesamte Lebenseinstellung auf sämtlichen Ebenen des menschlichen Daseins verstanden werden. Deshalb kann man nicht nur von körperlicher, sondern muss auch von gedanklicher und geistiger Haltung sprechen. *Atem* soll als die Bewegung der Lebenskraft durch den gesamten Körper verstanden werden, als Energiefluß zwischen den Polen von Geist und Materie.

Indem wir uns diese Prinzipien vergegenwärtigen und uns an unser Wissen um die okkulte Anatomie des Menschen erinnern, wie sie im ersten Kapitel dieses Buchs dargelegt wurde, wird das Ziel hinter dem Üben von Yoga viel ersichtlicher werden.

Vorbereitungen

Jedes seriöse Programm oder System der Selbstdisziplin muss mit einem Wahren der Grundregeln beginnen. Wir können diese Regeln mit dem Fundament eines Hauses vergleichen. Anfänglich kann man dieses Gerüst, in diesem Fall unsere Gesundheit, vielleicht ignorieren, ohne grossen Schaden zu erleiden. Später jedoch, wenn das Haus darüber einmal schwerer wird, bricht es plötzlich zusammen. Dasselbe gilt auch für ein eigenes Übungsprogramm. Baut man auf einer unsicheren Basis auf, muss man irgendwann ganz von vorne beginnen, um die daraus entstandenen Fehler zu korrigieren. Wenn man nämlich mit der Arbeit fortschreitet, kommt man mit grösseren Energien in Kontakt und bringt diese innerhalb seines Körpers zur Anwendung. Ist der Körper nicht stark genug, wird er diese Energien nicht verkraften können. Dies kann man mit einem Schütten von sehr heissem Wasser in einen Behälter vergleichen, der löchrig ist und deshalb auseinanderbricht.

Diese Grundregeln gehören zu allen klassischen Methoden: Gewaltlosigkeit allem Leben gegenüber, Wahrhaftigkeit, Sauberkeit, rechte Ernährung, keine Ekzesse, ganz gleich auf welchem Gebiet — alle diese Eigenschaften entsprechen dem Fundament unseres Gebäudes. Ein Fundament ist eine grundsätzliche Basis der Stärke, auf der man bauen kann, und diese Tugenden sind eigentlich Charakterstärken, auf denen wir unsere höhere Entwicklung aufbauen können.

Hatha-Yoga

Der nächste Schritt besteht darin, die niedrigen Energien im Körper auszuwiegen. Viele Leute verstehen nicht, warum die Hatha-Yoga-Stellungen und Übungen so wichtig für die Selbstentwicklung sind. Sie versuchen eine Abkürzung zu nehmen, indem die diese ganzen wichtigen Anfangsschritte überspringen.

Betrachten wir folgendes Beispiel, das diesen Punkt ziemlich klar verdeutlicht. Versucht man, einen Bleistift auf seiner Fingerspitze zu balancieren, braucht man zuerst die zweite Hand, um es still zu halten. Ist es aber einmal ausbalanciert, kann man die eine Hand wegnehmen, und es steht immer noch. Nun sollte man den Körper anstelle des Bleistifts setzen. Das Ziel des Hatha-Yoga besteht darin, den Körper in einen derartigen Zustand der Gesundheit und Perfektion zu bringen, dass seine Kräfte ausgeglichen sind. Man kann seine Aufmerksamkeit dann anderen Dingen zuwenden und sich auf die höheren Ebenen konzentrieren. Solange der Körper sich nämlich nicht in einem perfekt ausgewogenen Zustand befindet, wird der Geist dauernd damit beschäftigt sein, genau das zu tun, was in unserem Beispiel die Hand tat, als sie den Bleistift gerade hielt, bis er ausbalanciert war.

Wir haben alle schon einmal nicht schlafen können, weil irgendein Teil unseres Körpers schmerzte. In solchen Momenten ist das Bewusstsein dauernd mit diesem Schmerz beschäftigt und demnach auch verhaftet, so dass es den Körper nicht zurücklassen kann. Wenn der Schmerz dann aber nachlässt, kann das Bewusstsein ihn verlassen und sich nach oben in den Zustand des Schlafes begeben. Das ganze Ziel des Hatha-Yoga besteht in dieser Analogie. Es geht darum, den Körper in einem so ausgeglichenen Zustand zu halten, dass das Bewusstsein ihn verlassen und sich höheren Ebenen zuwenden kann.

Was die Chakras anbelangt, bereitet Hatha-Yoga die Energie der niederen Ebenen darauf vor, auf die höheren hinaufgehoben zu werden. Sind diese Energien einmal auf besagte Weise erhöht worden, braucht man keine Vorbereitungen mehr.

Dieser Punkt wird im klassischen Yoga-Text *Hatha-Yoga Pradipika* sehr deutlich erklärt, denn es heisst dort, dass die verschiedenen Asanas, Kumbakhas und Mudras wirklich nur solange geübt werden sollen, «bis Raja-Yoga erreicht worden ist».

Man kann Hatha-Yoga aber auch anwenden, ohne viel von seinem Zweck zu verstehen. Ein grosser Teil des sowohl im Westen wie auch im Osten praktizierten Yoga fällt unter diese Kategorie und gilt einfach als eine neue und modische Art von Gymnastik. Viele Leute, die nicht wissen, dass es sich dabei um ein Mittel zu einem höheren Zweck handelt, erheben es zum Selbstzweck, so dass es zu einer Art glamouröser Gymnastik oder Akrobatik ausartet. Natürlich wird man auch mit diesem begrenzten Ziel gesundheitliche Fortschritte erzielen, doch der wirkliche Zweck ist dann nicht verstanden worden.

Das Reinigen der Nadis

Mit einer Kenntnis der okkulten Anatomie des Menschen sowie einer klaren Idee davon, was das Ziel des Yoga ist, wird der Zweck so mancher Übung leichter zu verstehen sein. Am Anfang besteht er weitgehend darin, die Haltung von Versteifungen zu befreien, die sie hemmen könnten. Fast jeder ist in irgendeinem Punkt seines Körpers verkrampft: das heisst, das man dem Energiefluss an irgendeiner Stelle widersteht. So ist auch jegliche Krankheit lediglich eine Hemmung des Lebensenergieflusses an einer bestimmten Stelle. In der Terminologie des Yoga nennt man die Kanäle, durch die Energien im menschlichen Körper fliessen, *Nadis*. Diese Nadis müssen von Verspannungen befreit und gedehnt werden. Dieser Prozess ist ein wichtiger Bestandteil des Hatha-Yoga. Übungen und Stellungen, die biegen, drehen und strecken des Rückgrats beinhalten, fallen unter diese Kategorie, durch die im allgemeinen grössere Energie durch den Körper fliesst.

Ausgleichende Stellungen

Eine weitere wichtige Kategorie Stellungen sind diejenigen, die zu einem besseren Gleichgewicht verhelfen. Wir haben gesehen, dass das Ausgleichen der Kräfte sehr wichtig ist, besonders wenn es um die Frage der dritten Kraft oder Kundalini geht. Stellungen und Übungen, die uns in der Kunst des Gleichgewichts fördern, sind wichtig, um zu lernen, die positiven und negativen Kräfte im Körper zu beherrschen und sie in Gleichgewicht zu bringen.

Der Lotussitz

Der Lotussitz und seine Varianten haben eine Reihe von Auswirkungen. Erstens ermöglicht er eine feste dreieckige Basis, auf der das Rückgrat und der obere Teil des Körpers gut ruhen können. Dies ist sehr wichtig für spätere Meditations- und Konzentrationsübungen. Wenn man richtig sitzt, hat der Lotussitz den weiteren Vorteil, dass er den Rücken gerade auf dem Becken hält. Zweitens, indem man die Beine kreuzt und die Hände entweder zusammenlegt oder sie auf den Knien ruhen lässt, werden die offenen Energiekanäle geschlossen. Energie, die den Körper normalerweise durch Hände und Füsse verlassen würde, wird so zurückgehalten. Ein leichter Druck seitens der Fersen auf die Gesässknochen führt zu einem aufwärts gerichteten Fluss der Energien von Steiss zu Scheitel. Drittens ist diese Stellung in erster Linie eine sublimative. Durch ihre Ausübung werden die Energien im Körper zurückgehalten, unter Kontrolle gebracht und entlang dem vertikalen Pol des Rückgrats zu den höheren Zentren sublimiert.

Nach den vorbereitenden Übungen kann zu einem weiteren Stadium übergegangen werden, wo bestimmte Übungen, die die Chakras direkt beeinflussen, unternommen werden können. Die subtilen Auswirkungen mancher Stellungen, Mudras und Bandhas auf die Körperkräfte stellen ein extrem komplexes und schwieriges Thema dar. Nur wenige unter all denen, die Yoga üben, scheinen diese Auswirkungen ganz zu verstehen. Manche Teile dieses Themas werden auch geheimgehalten. Indem man die bereits abgegebenen Erklärungen betreffend der okkulten Anatomie des Menschen jedoch mit seinen eigenen Erfahrungen beim Üben in Verbindung bringt, kann man manches alleine verstehen lernen.

Nachstehend finden Sie einige wegweisende Übungen, wie zum Beispiel die invertierten Stellungen, die die Energien in die höheren Chakras fliessen lassen. Hier hilft der Vergleich mit einer gewöhnlichen elektrischen Batterie. Strom fliesst zwischen den negativen und den positiven Polen. Entlädt sich die Batterie, wird sie dadurch neu aufgeladen, dass der Stromfluss zwischen den beiden Polen umgekehrt oder invertiert wird. Im menschlichen Körper wird dies erreicht, wenn man sich auf den Kopf stellt: Man invertiert den Energiefluss zwischen den beiden Polaritäten entlang der vertikalen Achse des Rückgrats.

Der Schüler wird zum Beispiel auch sehr leicht feststellen können, dass Herz und Kehle von gewissen Übungen stark betroffen sind. Hält man den Körper absolut gerade, das Kinn fest gegen das Brustbein gedrückt, hat der Schulterstand einen bemerkenswerten Einfluss auf das Kehlzentrum. Gebeugte Stellungen, mit angehaltenem Atem lassen die Energien in diese zwei Chakras einfliessen, wenn man den Kopf dabei ganz nach hinten hält.

Ein weiteres Beispiel zeigt, dass gewisse Stellungen einer Aktivierung des Sonnen-Chakras zuträglich sind. Es sind vor allem jene, die im Unterleib ziehen und die dort angesammelten Energien beherrschen. Setzt man sie richtig ein, wird man einer wesentlich grösseren Aktivität des gastrischen Feuers oder des feurigen Elements im Körper gewahr. Auch die Kreuz- und Steisszentren werden durch die entsprechenden Stellungen beeinflusst.

Bei sämtlichen Stellungen und Übungen sollte folgendes berücksichtigt werden:

(a) Ziel und Wirkung der entsprechenden Übung sollten stets gegenwärtig sein;

(b) alle Übungen müssen langsam und ruhig durchgeführt werden, ohne jede Hast und Nervosität;

(c) Konzentration und völlige Hingabe sind wesentlich.

Kundalini

Die mysteriöse dritte Kraft oder die Kundalini lässt sich am besten am Beispiel des Pendels erklären. Befindet sich ein Pendel nämlich in Bewegung, schwingt es ständig von einer Seite zur anderen und pendelt demnach horizontal zwischen dem linken und dem rechten Pol. Es ist ebenfalls eine vertikale Polarität vorhanden, denn beim Schwingen wird Energie vom Angelpunkt oder der Quelle des Pendels nach unten geleitet. Hört es auf, sich zu bewegen, gleichen der rechte und der linke Pol sich aus und hören auf zu sein. Die Energie, die nach unten gesandt worden war, muss jetzt ebenfalls zu ihrem Ursprung zurückkehren und reist dem Pendel entlang nach oben, wo sie zur Ruhe kommt.

Im Yoga heissen der rechte und der linke Energiefluss *Pingala* und *Ida*, den Kanal in der Mitte nennt man *Shushumna*. In der Kabbala heissen sie die Säulen der Strenge und des Mitgefühls, und der zentrale Kanal ist der Pfad des Pfeils. Kundalini ist demnach der Weg, durch den die Kraft zu ihrer Quelle zurückkehrt, wenn das Pendel aufgehört hat zu schwingen. Jede Polarität hält ein, und unser Bewusstsein kehrt mittels dem Scheitel-Chakra zu seinem Ursprung zurück. Hört der Atem auf, durch die linke und rechte Seite des Körpers zu fliessen, sterben wir, es sei denn, wir haben uns vorbereitet und beherrschen die Energie, dann transzendieren wir den Tod und erleben bewusst den tiefen mystischen Zustand des Samadhi.

Über das Erwecken von Kräften im menschlichen Körper, die dann die Chakras aktivieren, bestehen einige Missverständnisse. Im grossen und ganzen kann man aber sagen, dass dies den Wagen vor das Pferd spannen hiesse, denn es ist wohl richtiger zu sagen, dass wenn die Nadis oder Energiekanäle gereinigt sind, die Chakras in Bereitschaft stehen und die Energie dann durch sie hindurchfliessen kann — und nicht umgekehrt.

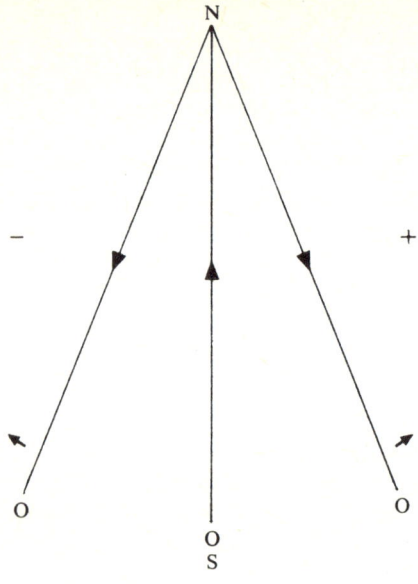

Überall in der Natur zeigt sich, dass erzwungenes Wachstum kaum je die richtige Art von Wachstum ist und plötzliche Kraftausbrüche selten erwünscht sind. Beispiele dieser Art von unausgeglichener Entwicklung scheinen aber mehr Aufmerksamkeit erregt zu haben, als sie verdienen, und werden deshalb oft eher als Regel denn als Ausnahme verstanden. Es gibt jedoch Menschen, in deren Leben ein Erwachen dieser Kräfte oder Fähigkeiten plötzlich und gar unerwartet eintreten kann. Dies hängt von karmischen Kräften ab, die sich langsam gegen ein starkes inneres Hindernis oder einen tiefverwurzelten Widerwillen in diesem Menschen durchsetzen. In einem solchen Fall wird das Hindernis sich weiterhin wehren, bis die aufsteigenden Kräfte es plötzlich überwinden und ein jäher Wandel im Lebensmuster die Energie fliessen lässt.

Auf einer späteren Stufe lernt die hochentwickelte Seele die mächtigen erweckten Energien, die durch den Körper fliessen, zu beherrschen. Er wird sie auf- oder abwärts richten oder auf jeder beliebigen Stufe einsetzen können. Für manche Menschen kann die Wirkung der Sublimation der erweckten Kundalini eine Verjüngung bedeuten. Man denke an die «sie» des Ritter Haggard, die ihre Jugend durch Baden im heiligen Feuer im Inneren des Berges erhielt. Man kann sich fragen, inwiefern der Autor sich des esoterischen Aspekts seiner Geschichte und des echten inneren Feuers gewahr war.

Raja Yoga

Das Denken

Das Gehirn wird von Yoga-Lehrern oft mit einem Teich verglichen, dessen Oberfläche mit unzähligen kleinen Wellen übersät ist, die durch die Winde der Begehrlichkeit verursacht werden, die über das Wasser blasen und es aufwühlen. Nur wenn diese Winde aufhören zu blasen, beruhigt sich das Wasser. Dann wird es still und klar, und eine völlig neue Erfahrung tritt auf, weil es nun möglich ist, durch das Wasser hindurchzuschauen und den Grund des Teichs zu sehen. Weil das Wasser zuvor so unruhig war, hätte man nicht bis an seinen Grund sehen oder auch nur wissen können, dass dieser existiere. In dieser Analogie ist das Wasser im Teich natürlich das Gehirn, und sein Substrat oder Grund ist das höhere Prinzip in uns, das über dem Denken steht — das geistige Bewusstsein. Die Winde der Begehrlichkeit sind dabei die Gefühle, die das Denken trüben.

Begehrlichkeit und Gefühl

Wahre Konzentration des Geistes ist demnach nur dann möglich, wenn wir Leidenschaftslosigkeit und Loslösung von unseren Gefühlen erreichen. Wir haben bereits gesehen, dass der Gedanke durch die ätherische Ebene hinabsteigt, um sich in den vier Elementen zu manifestieren, die ebenfalls Abwandlungen des Äthers sind. Jedesmal wenn sich das Gehirn also mit einem der Elemente einlässt, befindet es sich in einem Gefühlszustand. Was die Chakras angeht, wird die Schwingung des Stirn-Chakras hinabgesetzt und durch ein Gefühl verfälscht, wenn es die Schwingungen eines der fünf unteren Chakras annimmt. Jegliches Gefühl stellt eine Assoziation des Denkprinzips mit einem oder mehr der Elemente dar, die es dann färben oder bedingen. Reines Denken, ungefärbt durch eine der unteren Schwingungen, heisst unkonditioniertes Denken.

Unkonditioniertes Denken

Der unkonditionierte Geist ist frei von den Organen des Fühlens und des Handelns der unteren Chakras und in seinen eigenen Schwingungen enthalten. Solch reine Gedanken sind ungeheuer mächtig. Gaben wie Gedankenübertragung, Materialisierung und Gedankenlesen hängen von der Konzentrationsfähigkeit des Gehirns ab, indem man es auf diese Weise befreit. Wie wir schon früher in diesem Kapitel gesehen haben, hängt diese Fähigkeit erst einmal vom rechten Anfangstraining auf der Hatha-Yoga-Ebene ab. So führt Hatha-Yoga auf natürliche Weise zu Raja-Yoga.

Jenseits des Denkens

Letztlich muss die Energie des Stirn-Chakras auf die höhere Schwingungsebene am Scheitel gehoben werden. Dieser Schritt kann und sollte nur dann vollzogen werden, wenn das Gehirn durch und durch diszipliniert und eine hohe Stufe der mentalen Konzentration erreicht worden ist.

Um ein Instrument völlig zu beherrschen, muss man es aufnehmen, effektiv einsetzen und willentlich wieder ablegen können. Nur dann kann man einen Schritt zurücktun und sagen: «Dies ist mein Instrument, es ist nicht ich, denn ich bin getrennt von ihm und beherrsche es.»

Das Gehirn muss bis zu diesem Ausmass trainiert worden sein, um diese letzte Stufe erreichen zu können. Die Gedanken müssen total beherrscht werden können. Nur dann sind wir zu der subtilen Unterscheidung zwischen Gedanke und Denker fähig. Wenn wir realisieren, dass *Ich der Denker unabhängig von meinen Gedanken existiere,* können wir diesen Gedanken ablegen und auf der *ich bin*-Ebene allein bewusst bleiben. Dann überwinden wir die letzte Brücke vom Nichtich zum Ich.

Praktische Gefahren

Viele Schüler sorgen sich wegen der praktischen Gefahren beim Üben von Yoga — vor allem wenn man alleine lernt. Deshalb scheinen an diesem Punkt einige Bemerkungen angebracht. Erstens müssen wir verstehen, dass Gefahr ein relativer Begriff ist. Was für einen Menschen gefährlich ist, kann für einen anderen völlig harmlos sein. Demnach wäre es nicht vernünftig, zu behaupten, dass etwas an und für sich gefährlich ist, ausser in bezug auf denjenigen, der es unternimmt. Zweitens bringt alles, was wir im Leben tun, ein gewisses Risiko mit sich. Gäbe es bei dieser Tätigkeit überhaupt kein Risiko, wären auch die Resultate oder die Früchte von nur geringer kreativer Bedeutung. Der Lohn steht immer im Verhältnis zur geleisteten Arbeit, und die erforderliche Arbeit verhält sich proportional zur relativen Gefahr.

So ist das ganze Leben ein Prozess des Lernens aus jenen Erfahrungen, die, betrachtet man sie im nachhinein, Fehler zu sein scheinen, vergleichen wir sie mit unserem späteren Wissen. Deshalb muss man bereit sein, mutig doch überlegt voranzuschreiten, bereit, das zu verbessern, was man früher unternommen hat. Ein grösseres Risiko eingehen, als man in vernünftiger Weise auf sich nehmen kann, ist Leichtsinn, es ist aber auch dumm, wenn man überhaupt nichts wagt.

Ein Guru

Zweifelsohne wird uns ein guter Lehrer schneller fortschreiten lassen, doch wird bei der Suche nach einem solchen Lehrer oft etwas übersehen. Wir müssen nämlich letzten Endes selbst entscheiden, ob eine bestimmte Person ein kompetenter Lehrer ist, und so fällt die Verantwortung schlussendlich auf uns selbst zurück.

Niemand kann an Ihrer Stelle für Sie lernen, genauso wie niemand anderes für Sie essen kann. Ohne die Bereitschaft, Verantwortung zu übernehmen, kann es auch keinen Fortschritt geben. In diesem Zusammenhang gilt noch ein weiterer Punkt, und das ist, dass man entsprechend dem Gesetz des Karma oder von Ursache und Wirkung immer das vom Leben zurückbekommt, was man hineinsteckt. Was man gibt und was man bekommt sind zwei Seiten derselben Münze. Ein grosser Teil der Menschheit hat diese Wahrheit jedoch immer noch nicht begriffen, die natürlicherweise mit dem Gesetz der Wiedergeburt zusammenhängt, da Geben und Nehmen sich notwendigerweise über mehrere Leben abspielen.

Dieses Gesetz gilt ebenfalls beim Lernen, weil man nur soviel Wissen erlangen kann, wie man abgibt. Um etwas lernen zu können, muss man deshalb auch bereit sein, anderen das zu lehren, was man selbst weiss. Diese letzte Bemerkung betrifft ein wichtiges Prinzip des wirtschaftlichen und demnach kreativen Einsatzes der eigenen Energie. Um jemandem genau das Wissen zu vermitteln, das er oder sie zu diesem bestimmten Zeitpunkt braucht. Versucht man nämlich Wissen an jene weiterzugeben, die dafür nicht offen sind, stellt dies einen verschwenderischen und deshalb unkreativen Umgang mit der Energie dar. Hier braucht es Unterscheidungsvermögen, um feststellen zu können, wem man am besten wie und womit helfen kann. Der eifrige Apostel, der an jede Türe klopft, weiss nicht zu unterscheiden und nutzt seine Energien auf unwirtschaftliche Art. Der alte Spruch, wonach der Lehrer sich zeigen wird, wenn man bereit ist, ist wahr, weil man aus eigenem Bemühen in Kontakt mit den Quellen jenes Wissens tritt, das man zur Zeit verdient. Doch kann auch der beste Lehrer uns nur lehren, von uns selbst zu lernen.

Rechtes Einsetzen der Energie

Es besteht eine natürliche Tendenz, jedes Selbstverbesserungsprogramm so zu verstehen, als führe es zu einem endgültigen Ziel. Dieses Ziel wird oft als eine letzte Perfektion gesehen, dem der Mensch durch einen Prozess der Entwicklung ständig entgegenwächst. Es wird als Vereinigung mit dem göttlichen Leben verstanden, von dem der Mensch getrennt worden ist und wohin er durch einen Weg der Entfaltung zurückkehrt.

Doch auch wenn dieses Konzept dem einzelnen auf einer bestimmten Entwicklungsstufe nutzen mag, muss es mit der Zeit einem höheren weichen. Denn der Weg führt zu keinem endgültigen Ziel, sondern ist vielmehr selbst das Ziel. Wir haben die Tendenz, diese Reise in Begriffen von Raum und Zeit darzustellen, wie wenn das Leben enden würde, wäre ein bestimmter Punkt erreicht. Doch ist die Wirklichkeit selbst unendlich — sie ist nicht statisch, sondern dynamisches Kontinuum. Und auch wenn man sich von Zeit zu Zeit als Ansporn zum Wachstum ein Ziel setzen muss, bleibt das eigentliche Ziel die Ziellosigkeit.

Der Gedanke, dass das Leben unendlich oder ewig ist, ist ein Gedanke, für den die meisten Menschen nicht bereit sind. Sich vorwärtstreiben zu lassen im ewigen Fluss des Lebens, ohne an ein Ziel zu denken, ist ein Schritt, der Mut braucht und gleichzeitig eine grosse Herausforderung. Beim Yoga hilft uns dieses Prinzip, denn Yoga stellt auch ein in sich selbst enthaltenes Ziel dar. Es braucht weder Zweck noch Ziel im zeitlichen Sinn. Wenn die Übungen uns fröhlicher machen, ist das der Massstab unseres Fortschritts. Freude ist Bewusstseinserweiterung oder das Prinzip der «Mehrung». Leiden ist Bewusstseinsbeschränkung, das Prinzip der «Minderung».

Energie steht im Verhältnis zu Motivation

Alles im Universum strahlt eine Form von Energie aus, sei diese nun mineral, pflanzlich, animalisch oder menschlich. Die Strahlungsmenge verhält sich proportional zur Gesamtheit oder universaler Energie. Beim Menschen steht die verfügbare Energiemenge im Verhältnis zur Universalität oder seinem eigenen Bewusstsein. Je egoistischer und beschränkter die Bewegründe im Leben des einzelnen, umsomehr verschliesst er sich vor der Gesamtheit des Lebens, und umsoweniger Lebenskraft wird durch ihn hindurchfliessen. Um es kurz zu sagen: Energie steht im Verhältnis zur Motivation.

Viele von uns werden die Erfahrung gemacht haben, dass wenn sie irgendeine Handlung in einem Geist der Angst, des Hasses oder des Zweifels unternahmen oder aus einem anderen egoistischen Grund, dies ein unweigerliches Gefühl der Erschöpfung hinterlässt. Im Vergleich hierzu wissen jene, die selbstlos aus universellen Beweggründen des Dienens und des Gebens handeln, dass solche Arbeit nicht müde macht, sondern im Gegenteil Freude und erneute Energie mit sich bringt. In dem Masse, wie unsere Beweggründe der Allgemeinheit dienen, genau in diesem Masse haben wir das Recht, uns von der gesamten oder universellen Energie zu nähren. In Wirklichkeit kennt das Leben keine Verknappung oder Begrenzung. Energie ist etwas Endloses, und das Leben selbst heisst Überfluss. Es sind wir, die dem Leben Grenzen stecken durch unsere begrenzten Beweggründe. Man misst die Grösse eines Menschen an seiner Fähigkeit zu geben.

Wie bereits gesagt, hasst das Leben die Leere. Indem wir Energie verbrauchen, fliesst sofort neues Leben ein, um diesen Platz zu füllen. Doch wenn wir uns zurückhalten und unsere kreative Handlungsfreiheit einschränken, erfahren wir einen Mangel an Lebenskraft, weil wir dem Leben nicht erlaubt haben, durch uns hindurchzufliessen. Man kann diesen Prozess mit einer Wasserpumpe vergleichen, die durch ihr Einflussrohr nur soviel Wasser aufnehmen kann, wie durch ihr Abflussrohr hinausfliesst. Indem wir schöpfen ohne uns zurückzuhalten, erfüllen wir dieses Energiegesetz und «geben, auf das uns gegeben werde und wir erneut geben können». So wie jede eigennützige oder eingeschränkte Handlung den Fluss des Lebens durch uns hindurch vermindert, so vermehrt jede universelle oder erweiternde Handlung den Fluss des Lebens.

Diese Prinzipien werden oft die Gesetze des universellen Angebots genannt, und diejenigen, die sie verstehen und danach leben, kennen keinen Mangel, sondern fliessen fröhlich und erfüllt durch das Leben — wie ein Vogel durch die Luft. Solche Menschen sehen im Leben ein Abenteuer, eine endlose Forschungsreise durch die unendlichen Möglichkeiten des Lebens und des eigenen Selbst.

Dieses Prinzip eines ständigen Fliessens mit dem Werdegang des Lebens wird durch verschiedene uralte Parabeln versinnbildlicht. Zum Beispiel ist da die Geschichte von Lots Frau. Während der Flucht weg von der Stadt des Übels wurde sie in eine Salzsäule verwandelt, weil sie zurücksah. Indem man also zurücksieht, verliert man den Fluss der Kreativität, welcher ein grundsätzlich nach vorne gerichteter Fluss ist, und Kristallisierung setzt ein. Dasselbe Prinzip gilt auch in der Geschichte von Orpheus, der seine Geliebte aus der Unterwelt holen wollte. Er konnte sie nur dann retten, wenn er nicht zurückschaute, sondern weiterging — nach vorne. Indem er das Vertrauen in die Zukunft verlor und somit seinen Glauben, schaute er zurück und konnte so Eurydike, seine Geliebte, oder die gefangene Lebenskraft nicht befreien.

Der beste Einsatz der Energie

So wie Wasser den Weg des geringsten Widerstandes wählt und bergab fliesst, fliesst auch die Energie immer dem ihr am nützlichsten Tätigkeitsbereich zu. Hat ein Tätigkeitsbereich seinen Zweck erfüllt, fliesst sie einem neuen Bereich zu. So folgt die Entwicklung einem Gesetz, denn die Energie fliesst immer dem Bereich zu, wo sie sich am kreativsten äussern kann. Die Summe der im Universum vorhandenen Energien nimmt weder ab noch zu, sondern wird ständig von einem Zustand in den anderen verwandelt oder transmutiert. Das Aufhören einer Tätigkeit in einem Bereich zieht eine Erneuerung in einem anderen nach sich.

Dharma

Dieses Konzept, dass die Energie ihrer nächstnützlichsten Aufgabe im evolutionären Muster zufliesst, findet sich im Gedanken des Dharma verkörpert. Alles bewegt sich entlang der evolutionären Stufenleiter, demnach wird es entsprechend den Umständen für jeden Menschen jederzeit eine optimale Handlung geben. Dieser nächste Schritt auf der evolutionären Stufenleiter im Leben jedes einzelnen nennt sich Dharma. Es ist die nächstbeste Handlung, in der Energien kanalisiert werden können, um sich am kreativsten zu äussern.

Energiekontrolle durch Yoga

Die hier aufgeführten Prinzipien betreffen den rechten Einsatz von Energie und finden sich alle in der Ausübung von Yoga verankert. Der Lebensfluss ist in Wirklichkeit der Atemstrom im menschlichen Körper. Die Kanäle, durch die er fliesst, sind die Nadis. Die verschiedenen Ebenen, auf denen er sich manifestiert, sind die Tattwas. Wenn unser kreativer Schöpfungsstrom auszutrocknen droht, müssen wir eine Antwort in den Chakras und Nadis suchen. Wahrscheinlich liegt es an Verkrampfungen in Atem und Haltung. Durch Yoga kann man diese Blockierungen lösen und sich erneut kreativ und voller Energie fühlen. Durch Yoga identifizieren wir unsere menschlichen Energien mit den universellen. Genau so wie das Leben selbst unendlich und ewig ist, kann auch unser Bewusstsein durch Yoga endlos in seinen Möglichkeiten werden.

Astrologie und die Chakras

Die Beziehung zwischen der Astrologie und den Chakras scheint nur ungenügend geklärt zu sein und verdient besser untersucht zu werden, als dies bis jetzt der Fall gewesen ist. Viele Aspekte in dieser Beziehung sind unklar und bieten ungeheure Möglichkeiten für neue Forschungen.

Der Fluss aller Dinge

Dass alles Leben einem ständigen Fluss des Werdens unterliegt, ist sowohl von östlichen wie auch von westlichen Philosophen über Jahrhunderte verstanden worden. Griechische Philosophen bedienten sich des Satzes *Panta rei* — «alles fliesst», hinduistische Weisen gebrauchten den Ausdruck *Samsara* — «die Welt des Werdens». Astrologen studieren diesen Fluss des Werdens in den Bewegungen der Planeten und Himmelskörper, in Tierkreis und in den astrologischen Häusern.

Im allgemeinen sehen die Astrologen den Menschen als den Einflüssen dieser Planeten unterworfen, doch nur wenige Astrologen scheinen dieses Wissen weiterzuverfolgen, indem sie sich fragen, *wie* diese Einflüsse auf den menschlichen Körper einwirken. Dabei wird man leicht übersehen, dass jeglicher Einfluss auf einen bestimmten Gegenstand nur dann zustandekommen kann, wenn *eine entsprechende Schwingung in diesem Gegenstand hervorgebracht wird.* Ohne eine derartige Übereinstimmung kann es keine Entsprechung, keinen Einfluss zwischen ihnen geben. Es ist durch die vitalen Zentren oder Chakras, dass die Einflüsse der Planeten im menschlichen Körper wirksam werden.

«Wie oben so unten»

Es wäre aber etwas einseitig, würde man nur die Einflüsse der Himmelskörper auf den Menschen betrachten. Wäre es nicht möglich, dass auch das Gegenteil zutrifft? Dass sie einander gegenseitig beeinflussen? Denn das menschliche System der Energieeinflüsse und sein Netzwerk der Chakras entspricht genau dem universellen System. Es ist ein Mikrokosmos innerhalb eines Makrokosmos. Kann man also wirklich sagen, dass nur eines das andere beeinflusst? Besser

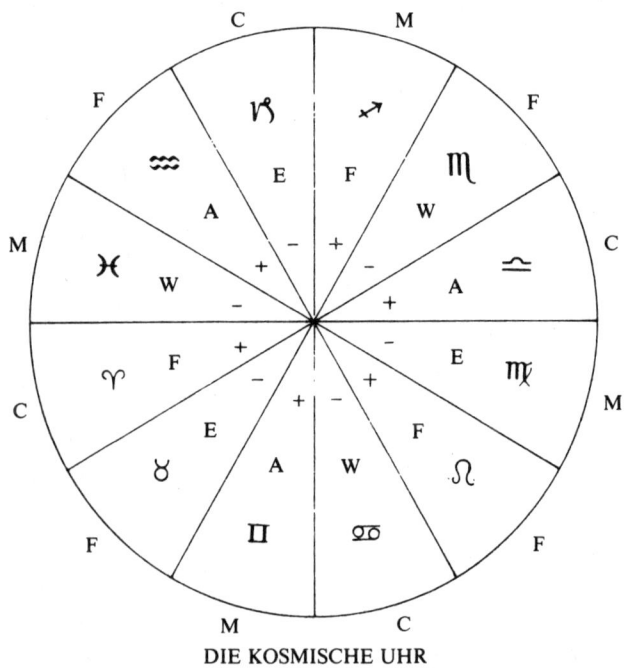

DIE KOSMISCHE UHR

wäre zu sagen, dass eines eine Reflektion des anderen darstellt. Aussen und innen, oben und unten bestehen in Wirklichkeit nebeneinander. Ohne Oben gibt es kein Unten, ohne Äusseres kein Inneres, und so kann es auch keinen Mikrokosmos ohne einen Makrokosmos geben.

Der Tierkreis der Chakras

Wir werden nun versuchen, die Entsprechung zwischen dem äusseren oder astrologischen und dem, was wir den inneren oder Chakra-Tierkreis nennen, zu verfolgen. Der astrologische Tierkreis besteht aus dem Zusammenspiel der höheren Triplizität oder den drei primären Energien und den unteren quaternären oder vier sekundären Energien, wie schon erklärt wurde. Wie wir wissen, sind die vier unteren Energien die Elemente. Astrologen nennen die drei primären Energien *kardinal, veränderlich* und *fest*. Jedes der vier Elemente wird durch eine der drei primären Energien abgewandelt und befindet sich demnach in einer von drei möglichen Schwingungszuständen. So entsteht eine zwölffache Aufteilung des universellen Systems. Diese zwölf Einteilungen der Energie haben alle eine vorherrschende Eigenschaft, die durch Zeichen beschrieben wird, die die meisten von Ihnen kennen.

Wie wir bereits gesehen haben, haben die drei primären Energien im menschlichen Körper ihren Sitz in den drei höheren Chakras. Die vier unteren Chakras sind Sitz der vier Elemente. So wird auch im universellen Tierkreis jedes Element durch die drei Energien verwandelt, so dass es sich entweder in einem kardinalen, einem veränderlichen oder einem festen Zustand befindet. Entsprechend dieser logischen Folge besteht jedes Zeichen des Tierkreises demnach aus einer Beziehung zwischen zwei Chakras im menschlichen Körper; eines der höheren drei der Trinität und eines der unteren vier der Quaternität.

Nehmen wir als Beispiel das Zeichen des Stiers. Da es ein festes Erdzeichen ist, finden wir, dass seine Eigenschaften sich im menschlichen Körper durch eine Beziehung zwischen dem Kehlen-Chakra der Trinität und dem Steiss-Chakra der Quaternität zeigen. Dies scheint den äusserst festen Aspekt dieses Zeichens wiederzugeben. Wenn wir uns das Zeichen der Zwillinge vornehmen, welches veränderliche Luft beinhaltet, und denselben Regeln folgen, kommen wir zu einer Beziehung zwischen dem Stirn-Chakra und dem Herz-Chakra. Auch hier scheinen die Resultate den äusserst beweglichen und geistig regen Charakter dieses Zeichens wiederzugeben.

Viele Aspekte dieses faszinierenden Themas verlangen jedoch nach weiterer Untersuchung. Vor allem die Reihenfolge, in welcher die drei Eigenschaften und Elemente in den Tierkreis einbezogen werden, müssen untersucht werden. Entspricht sie der Involution entlang der vertikalen Polarität des menschlichen Rückgrats? Auf den ersten Blick mag es scheinen, dass die Reihenfolge, in der sie genommen werden, nicht ohne Widersprüchlichkeiten ist. Die astrologische Übereinkunft, laut der jedes Zeichen über einen Körperteil regiert, angefangen beim Kopf, muss auch kritisch untersucht werden. Jedes der fünf unteren Chakras verfügt über sein eigenes Organ des Handelns und des Fühlens. Diese entsprechen seiner negativen und positiven Phase. Können diese Teile des Körpers also wirklich den zwölf Zeichen entsprechen?

Die Bedeutung der Geburtsstunde

Die Bedeutung der Geburtsstunde besteht darin, dass es der Moment ist, in dem wir den Fluss des Werdens betreten. Der Fluss der Erscheinungen geht weiter, und die Seele geht in ihn ein oder inkarniert sich in ihm an verschiedenen Punkten. Die Eigenschaften, die sich zu jenem Augenblick zeigen, werden diejenigen sein, die die inkarnierende Seele annimmt. Sie braucht sie in diesem Leben, um die zu ihrer Entwicklung nötigen Erfahrungen machen zu können. Wir haben gesehen, dass jede Erfahrung in logischer Folge aus der vorhergehenden hervorgeht, indem die Energie sich ihrer nächstbesten Ausdrucksmöglichkeit zuwendet. Demnach ist es möglich, aus einer Kenntnis der Astrologie heraus die zukünftigen Ereignisse einer jeden Inkarnation vorherzusagen; ja gar den Zeitpunkt späterer Inkarnationen und unter welchen Zeichen diese stattfinden werden, kann vorausgesagt werden.

Wenn man jedoch von einer Kenntnis der Astrologie spricht, bedeutet dies nicht nur eine Kenntnis der Tatsachen, auf der sie beruht, sondern auch die Fähigkeit, die Bedeutung dieser Daten zu interpretieren. Daten niederschreiben und festzulegen ist der erste Schritt, ihre Bedeutung und Wichtigkeit dann richtig zu interpretieren ist eine weitaus grössere Fähigkeit.

Der Fluss der Tattwas und der Tierkreis

Die Veränderungen im Tierkreis entsprechen dem Fluss der Tattwas im menschlichen Körper. Demnach kann man am Tierkreis ablesen, welche Veränderungen im Leben des einzelnen stattfinden werden, oder man kann am Fluss der Tattwas im eigenen Körper sehen, welche Veränderungen im eigenen Horoskop stattfinden werden. Yoga auf seiner höchsten Ebene identifiziert sich mit der Astrologie. Die Beziehung zwischen dem universellen Hauch und dem menschlichen Atem kann numerisch zurückverfolgt werden. Der universelle Tierkreis vollzieht alle 25 550 Jahre eine Umdrehung, was für jedes Zeichen oder Zeitalter eine Länge von ungefähr 2145 Jahren bedeutet. Diese Tatsache erregt im Augenblick einiges an öffentlichem Interesse, da wir das Fische-Zeitalter hinter uns lassen und uns dem neuen Wassermann-Zeitalter nähern. Normalerweise atmet der Mensch etwa achtzehnmal pro Minute, was 25 550 Atemzüge pro Tag ausmacht. Auch ergeben 25 550 Tage eine Lebensdauer von siebzig Jahren, das Durchschnittsalter im Fische-Zeitalter. Also entsprechen sich Atem, Lebenslänge und Dauer des universellen Tierkreises in derselben rhythmischen Folge.

Auf den ersten Blick mag es schwer zu verstehen scheinen, dass durch das Zusammenwirken von nur sieben Bewusstseinsstufen eine unendliche Vielfältigkeit an Erfahrungen möglich ist. Dies wollen wir anhand eines musikalischen Vergleichs erklären. Jede Erfahrung bezieht sich auf die, die vor ihr kam. Nehmen wir zum Beispiel an, dass wir die Note G nach einem A spielen. Die Erfahrung, die man aus dem Hören dieser Note zieht, wird anders sein, als wenn sie nach einem C gespielt worden wäre. Um es kurz zu machen, verändert das vorhergehende Ereignis die spätere Erfahrung. Nicht nur bedingt die vorhergehende Note die Erfahrung, die man aus dem Hören der nachfolgenden zieht, sondern sogar ihre relative Dauer beeinflusst den Hörer. Ein C nach drei G ist eine andere Erfahrung wie ein von drei C gefolgtes G. Werden zwei oder mehr Noten zur selben Zeit gespielt, verändert dies die Erfahrung nochmals.

Dasselbe gilt auch für die Farben. Wenn man etwas Rotes betrachtet, nachdem man etwas Blaues sah, wird man dieses Rot anders erfahren, wie wenn man zuvor etwas Grünes angeschaut hat. Die Dauer, während der man eine Farbe betrachtet, und die Farbkombination, die man sieht, verändern die Erfahrung noch weiter. Dieses Prinzip kann weitergeführt werden, da die Erfahrung vor der vorhergehenden die nachfolgende ebenfalls verändert, so auch die davor und so weiter, *ad infinitum*.

Bezieht man diese Farb- und Klangvergleiche auf die Chakras (denen sie entsprechen), sehen wir, dass eine endlose

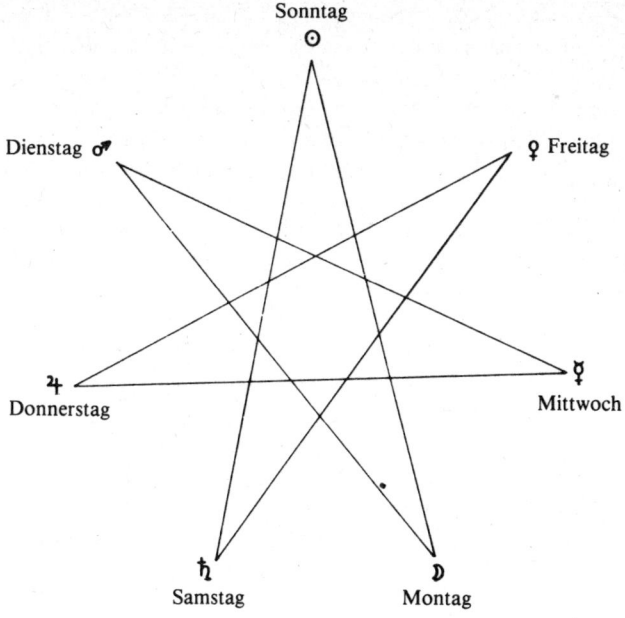

Fülle an Erfahrungen aus unserem Chakra-Tierkreis hervorgeht.

Planeten und Chakras

Die Planeten sind dem universellen System, was die Chakras unserem Körper sind. Eigentlich sind sie die universellen Chakras. Demnach muss es eine Übereinstimmung zwischen den Planeten und den menschlichen Chakras geben.
Es scheint, dass man beim in Verbindung-setzen von Planeten und Chakras einer bestimmten logischen Folge entsprechen sollte sowie ihren Abstand zur Erde oder ihre relative
Geschwindigkeit. Ein Hauptgrundsatz der Astrologie be-
sagt, dass jede Stunde und jeder Tag sich unter dem Einfluss

eines bestimmten Planeten befinden. Die sieben Tage der Woche sind nach den Planeten benannt, die über die erste Stunde eines jeden Tages herrschen. Die Folge beginnt mit dem entferntesten Planeten, Saturn, und geht dann der Reihe ihrer Entfernung von der Erde nach sowie ihrer Geschwindigkeit vom langsamsten bis zum schnellsten. Dies entspricht auch ihrer relativen Geschwindigkeit. Fängt man mit dem Tag des Saturns an (da Saturn über die erste Stunde herrscht), regiert Jupiter über die zweite, Mars über die dritte, die Sonne über die vierte, Venus über die fünfte, Merkur über die sechste und der Mond über die siebte Stunde. Jeder Planet beeinflusst die erste Stunde seines eigenen Tags sowie auch die achte, fünfzehnte und zweiundzwanzigste Stunde. Wenn wir also bei der vierundzwanzigsten Stunde ankommen, ist Mars der Herrscher, und wir fangen den nächsten Tag mit dem der Sonne an. Folgen wir demselben Ablauf, herrscht der Mond über den nächsten Tag, und so geht es weiter für die ganze Woche.

Es gibt eine Stunde pro Tag für jeden der sieben Planeten.

Eine Beziehung zwischen Planeten und Chakras könnte auf ähnlicher Basis festgelegt werden. Doch würde es etwas zu einfach sein, wollte man hieraus schliessen, dass ein Planet jeweils nur einem einzigen Chakra entspricht. Es scheint richtiger anzunehmen, dass diese Beziehung eine veränderliche ist und dass sie sich auch bei Mann und Frau wieder anders äussert.

Aspekte

Beziehungen zwischen Planeten im universellen System weisen Aspekte oder Einflussmuster auf, aus denen man Bedeutungen interpretieren kann. So erhalten wir auch aus der Beziehung der Energien in den verschiedenen Chakras im menschlichen Körper die Aspekte im Chakra-Tierkreis. Auch wenn dieses System auf dem Papier zweidimensional dargestellt werden muss, ist es eigentlich ein dreidimensionales System. Um die Beziehungen zwischen den verschiedenen Teilen dieses Systems verstehen zu können, darf man dies nicht vergessen.

Die grosse Okkultistin Helena Blavatsky schrieb: «Sein einziges, absolutes Attribut, welches selbst endlose ewige Bewegung ist, nennt man in der esoterischen Sprache *Der grosse Atem,* der die unablässige Bewegung des Universums im Sinn eines unbegrenzten, allgegenwärtigen Raums.»

Der grosse Atem ist das äussere Leben, das durch den universellen Tierkreis fliesst. *Der menschliche Atem* ist das innere Leben, das durch den Chakra-Tierkreis fliesst.

Das Wissen um Auf und Ab des Atems umfasst alles Wissen.

Es ist die höchste aller Wissenschaften.